シリーズ「遺跡を学ぶ」138

河内平野をのぞむ大型群集墳
高安千塚古墳群

吉田野乃・藤井淳弘

新泉社

河内平野をのぞむ大型群集墳
―高安千塚古墳群―

吉田野乃・藤井淳弘

【目次】

装幀　新谷雅宣
本文図版　松澤利絵

第1章　河内平野をのぞむ群集墳

1　「やまんねき」の大型群集墳

高安千塚古墳群

大阪府と奈良県をわける生駒《いこま》山地の大阪側の山麓には、大・中・小あわせて四〇以上の群集墳がある。八尾市に所在する高安千塚《たかやすせんづか》古墳群は、生駒山地西麓の南寄りに位置する高安山の西麓、河内の昔からの言葉で「やまんねき（山の際《きわ》）」に広がる大古墳群だ（**図1**）。生駒山地の大阪側は奈良県側とくらべると急傾斜だが、高安千塚古墳群はその傾斜がゆるやかになる標高約六〇～一八〇メートル前後につくられている。現在二三〇基が確認されているが、『中河内郡誌』（一九二三年〈大正一二〉刊）の岩本文一による調査では、五〇〇基以上もの古墳があったとされる。畿内でも有数の大型群集墳である。

生駒山地西麓には南東から北西方向に多くの谷川が流れ、高安千塚古墳群の古墳は、この谷

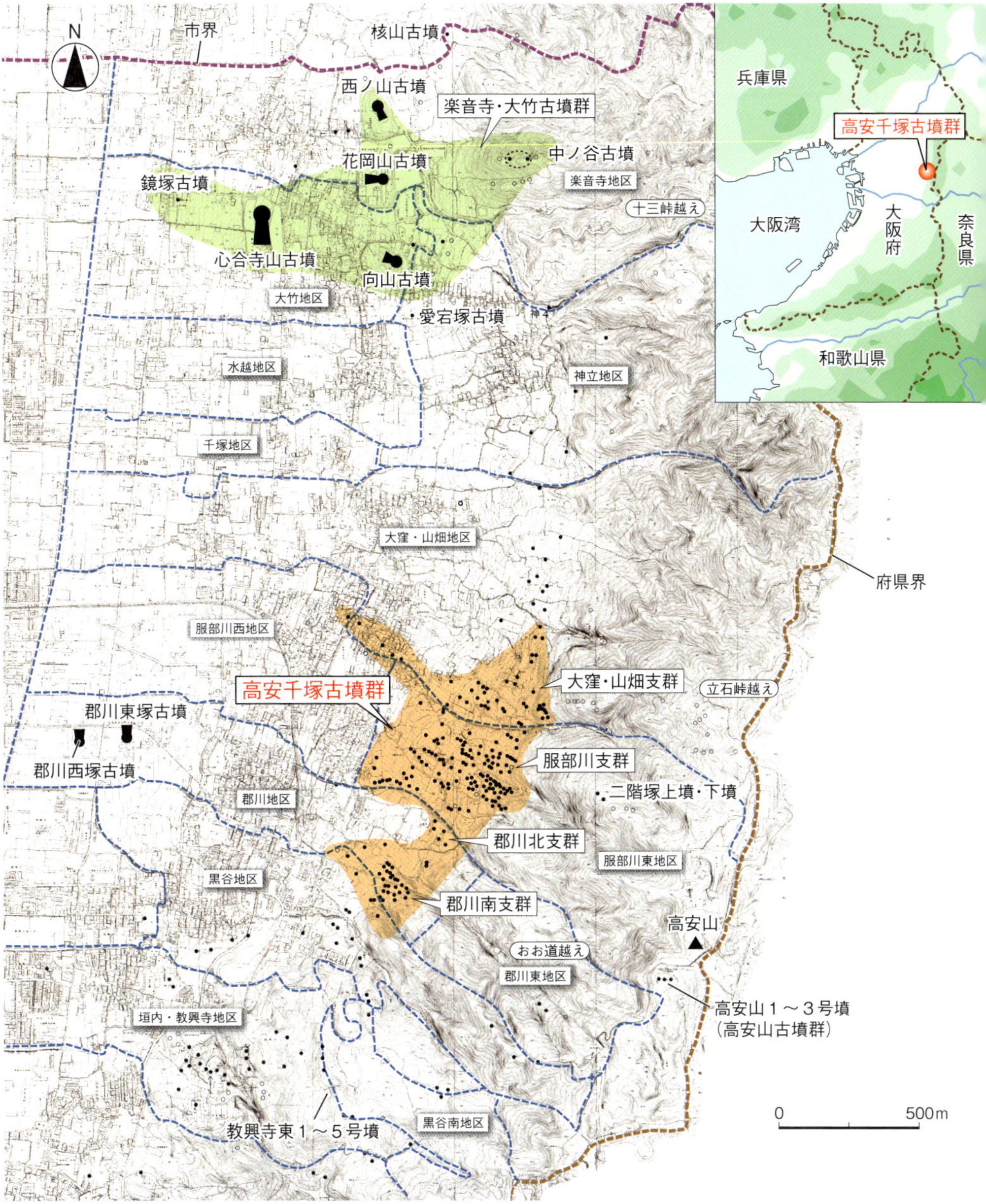

図１ ● 高安千塚古墳群と周辺の古墳
茶色の部分が高安千塚古墳群。ゆるやかな傾斜地に古墳が密集する。国史跡となったのは、全体の約16％程度。服部川支群の102基、大窪・山畑支群内の３基、郡川北支群内の５基である。北側の緑色の範囲は前・中期の前方後円墳からなる楽音寺・大竹古墳群。

川にはさまれた尾根上に立地する。北から五〇基の古墳からなる大窪《おおくぼ》・山畑《やまはた》支群、一三七基の服部《はっとり》川《がわ》支群、六基の郡川《こおりがわ》北支群、三七基の郡川南支群の四つの支群で構成される。

　これらは、古墳時代後期（六世紀代）を中心につくられた円墳で、埋葬施設はほとんど横穴式石室である。この古墳群に葬られた人びとについては第4章で述べよう。

高安千塚古墳群と高安古墳群

　高安千塚古墳群以外の高安山麓の後期古墳は、尾根上に二、三基、あるいは数基のまとまりをもって分布する。集中して分布する高安千塚古墳群とは対照的である。また、これらの古墳は生駒山地西麓の緩傾斜面上に立地するものだけではなく、標高二〇〇～四〇〇メートルの山地高所に立地するものもある。これらを一括して高安古墳群とよんでいるが、一六群ほどのグループに分けられ、

図2●高安山と河内平野
写真右手、高安山レーダー下付近に高安千塚古墳群がある。市街地となった平野部では多くの集落遺跡が発掘されている。

本来はそれぞれが中・小型の群集墳とみられる。

大型群集墳である高安千塚古墳群と高安古墳群の中・小型群集墳とでは、分布および立地状況のほかに、石室形態にも違いがみられる。高安千塚古墳群の石室は、玄室《げんしつ》長に対して玄室幅が広く、平面プランが正方形に近いものが多いが、高安古墳群のものは長方形が多い。

また、高安千塚古墳群に関係の深い古墳として、西約一キロのところ、標高一五～二〇メートル前後の扇状地上に全長六〇メートル前後の前方後円墳である郡川西塚・郡川東塚古墳が主軸を並べ、前方部を北に向けてつくられている。このうち郡川東塚古墳は発掘調査による記録保存ののち消失した。これらは、高安千塚古墳群の造墓開始と同時期、あるいは直前につくられており、高安千塚古墳群の造墓開始の契機を考えるうえで、大変重要な古墳である。

（吉田野乃）

2　古墳時代の河内平野

河内平野

高安千塚古墳群の眼下に広がる河内平野は大阪府のほぼ中央から東部、東側に連なる生駒山地と西側の上町《うえまち》台地にはさまれた場所にある（**図3**）。大阪湾が入りこんでできた北側の河内湖にむけて流れる旧大和川のいくつもの支流のたび重なる氾濫によって堆積した土砂でつくられた肥沃な平野である。古くより人びとは、洪水と闘いながら、この平野で生活を営んできた。

古墳時代には、当時の政治の中心地であった大和に通じる立地から、中国大陸や朝鮮半島からの玄関口としての役割を果たし、河内平野は大きく発展する。この河内平野で暮らした人びとが残した生活の足跡は、発掘調査で数多く発見された集落からわかる。たとえば、河内平野でつくられた土器だけでなく、吉備地方など他地域から運ばれてきた古墳時代はじめの土器が多くみつかる八尾市域の東郷《とうごう》・中田《なかた》遺跡群や久宝寺《きゅうほうじ》遺跡群などの大規模な集落はその代表格である。しかし、洪水の被害が多い河内平野中部（現在の八尾市域）に暮らした人びとが眠る墓地である古墳は少ない。また、有力者が眠る前方後円墳もほとんどつくられていない。

高安千塚古墳群がある八尾市域においては、河内平野の東方、生駒山地に連なる山地のひとつ、高安山のふもとを少し下った扇状地に、「楽音寺《がくおんじ》・大竹《おおたけ》古墳群」という古墳時代前期から中期の前方後円墳がみられる古墳群がある。この古墳群を代表する前方後円墳は、古墳時代中期（五世紀）につくられた中河内地域（大阪府の東部中央・現在の東大阪市、八尾市、柏原市の範囲）最大の全長一六〇メートルにおよぶ心合寺山《しおんじやま》古墳である（**図4**）。

心合寺山古墳が突出した規模である一方で、古墳時代前期から中期まで、世代ごとに合計四基の前方後円墳がつくられた程度で、あくまで散発的な築造にとどまっている。肥沃な河内平野を治めた有力者の古墳群としてはいささかもの足りない。

河内平野全体をみると、むしろ少しはなれた南方にある丘陵上に、古墳時代前期だけで一〇基あまりの前方後円墳が集中してつくられている。それが柏原市玉手山《たまてやま》古墳群である。この古墳群は、古墳時代前期における河内平野の大規模な集落を支配した有力者たちによる共同の墓

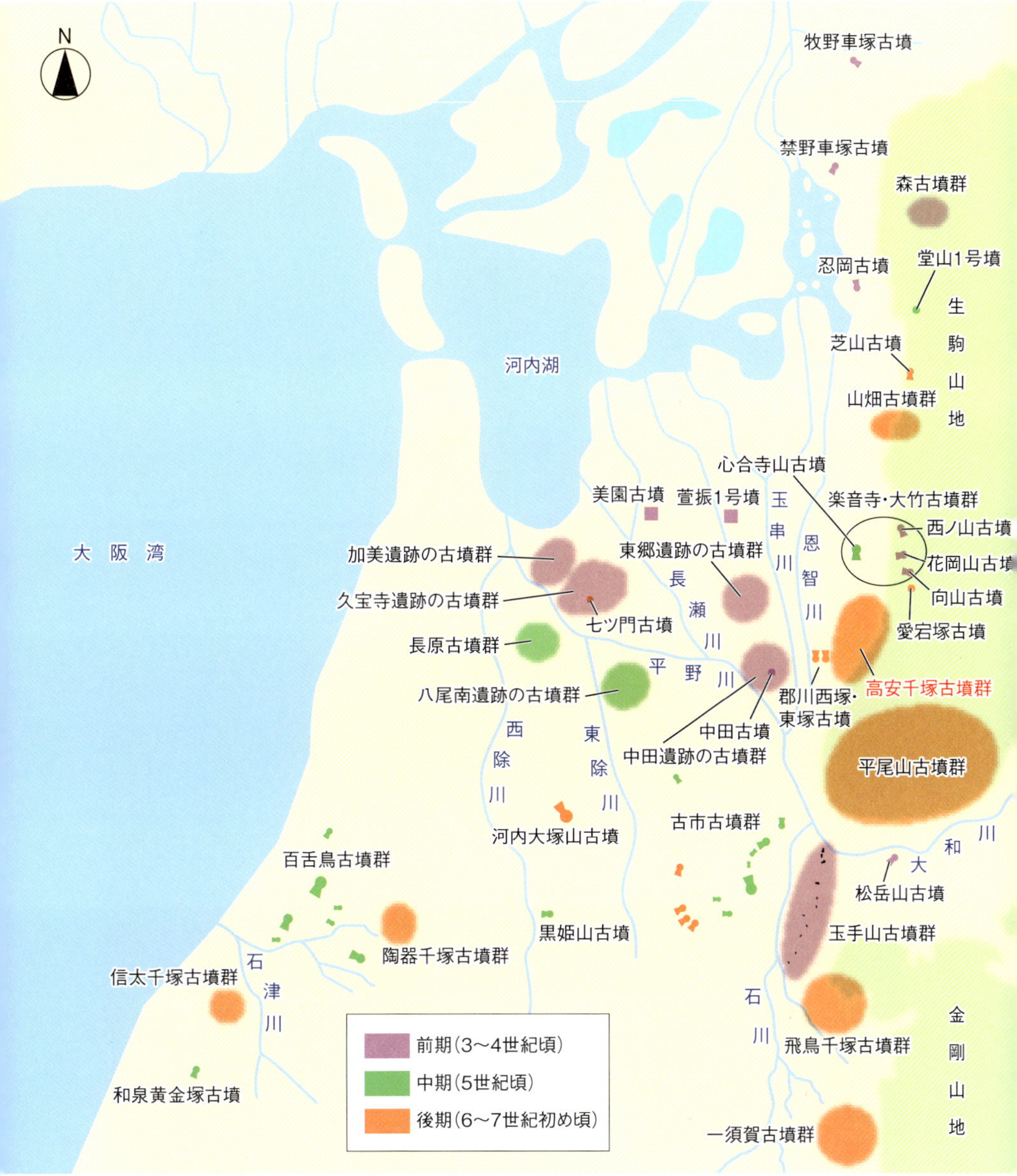

図3 ● 河内平野のおもな古墳群と群集墳の位置概略図

古墳時代の河内平野は北に河内湖が広がり、平野部中央にいくつも河川が流れ、その南側に中期の百舌鳥古墳群、古市古墳群が分布する。そして、後期の群集墳が山麓沿いにつくられた。古墳群は、主な時期で色分けした。

域と考えられている。

前方後円墳がつくられた時代

一般的に古墳時代とは、有力者の墳墓として前方後円墳がつくられた時代である。前方後円墳は、その形や大きさが象徴的であるが、つくられた数や分布する地域はきわめて限定される。心合寺山古墳のように墳丘内に複数の人物が葬られることもあるが、後円部の頂上の埋葬施設におさめられた木棺や石棺には基本的に一人の人物が眠っていることが多い。

前方後円墳がつくられはじめた三世紀から四世紀にかけては奈良盆地がその数、規模ともに分布の中心だが、五世紀になると河内平野にその分布を移す。この時期を「巨大前方後円墳の世紀」とよんでいる。

図4 ● 心合寺山古墳と高安山麓
古墳時代中期の中河内地域最大の前方後円墳。国史跡。墳丘からは4つの埋葬施設がみつかっている。後円部の粘土槨（西槨）から甲冑や鏡などの副葬品が出土している。現在は墳丘が復元整備され、築造当時の姿を目にすることができる。

この時期の大王を頂点とする人物たちが葬られた墓域が、わが国最大の前方後円墳の大山古《だいせん》墳（伝仁徳陵古墳）とそれに次ぐ誉田御廟山《こんだごびょうやま》古墳（伝応神陵古墳）をはじめとする数多くの大型前方後円墳で構成される堺市百舌鳥《もず》古墳群と羽曳野市・藤井寺市古市《ふるいち》古墳群である。

これら巨大な前方後円墳が河内平野の南部につくられた背景には、五世紀以降の河内平野における大規模な開発が大きく影響していたと考えられる。倭の五王の時代ともよばれるこの時期、激動する中国大陸や朝鮮半島など東アジアへの玄関口として、大王らは河内平野を重要視し、その開発を主導した。そして、古墳の規模や形を国内外に示す権力の象徴として、みずからが眠る前方後円墳をこの地に配した。これらの古墳群は、きわめて政治的な意味合いをもった古墳群だったのである。

六世紀に入ると、古墳築造の中心は王が眠る象徴的な前方後円墳から、小規模な古墳がたくさん集まった群集墳へと変わる。

河内平野の群集墳

河内平野の開発を実際に担ったのは、中国大陸や朝鮮半島の新しい土木工事や手工業生産の技術や知識を持って海を渡ってきた人たちであった。そして、彼らが葬られた小規模な古墳がたくさん集まった群集墳には、朝鮮半島から伝わった埋葬施設である横穴式石室がともなう。

横穴式石室は、巨石を組み上げてつくられた石室に羨道《せんどう》とよばれる通路を歩いて入ることができ、追葬が可能な構造である（図５）。一族の長のために古墳をつくり、石室におさめられた石棺や木棺に葬る。そののち、その家族が同じ石室内に追葬された。そして、次世代の一族が隣り合った場所に古墳をつくる。そのようにして、いく世代かにわたる古墳が連なっていくことで群集墳が形成されるのである。

大阪府内の群集墳は、そのほとんどが生駒山地と、大和川をへだてた南側の金剛山地の山麓部にいくつかにまとまってつくられた。生駒山地には、高安千塚古墳群の南方におよそ一四〇〇基以上の古墳からなる柏原市平尾山《ひらおやま》古墳群、一〇〇基以上あったとされる東大阪市山畑《やまはた》古墳群などが分布している。

そして、金剛山地には、二六〇基をこえる河南町一須賀《いちすか》古墳群や、一三〇基前後からなる羽曳野市飛鳥千塚《あすかせんづか》古墳群がある。これらのうち、高安千塚古墳群、平尾山古墳群、山畑古墳群、一須賀古墳群は大型群集墳の代表として「河内の四大群集墳」とよばれている（第4章参照）。

群集墳がつくられた時代

古市古墳群や百舌鳥古墳群のような巨大な前方後円墳で構成される古墳群と、高安千塚古墳群をはじめとする生駒山地に分布す

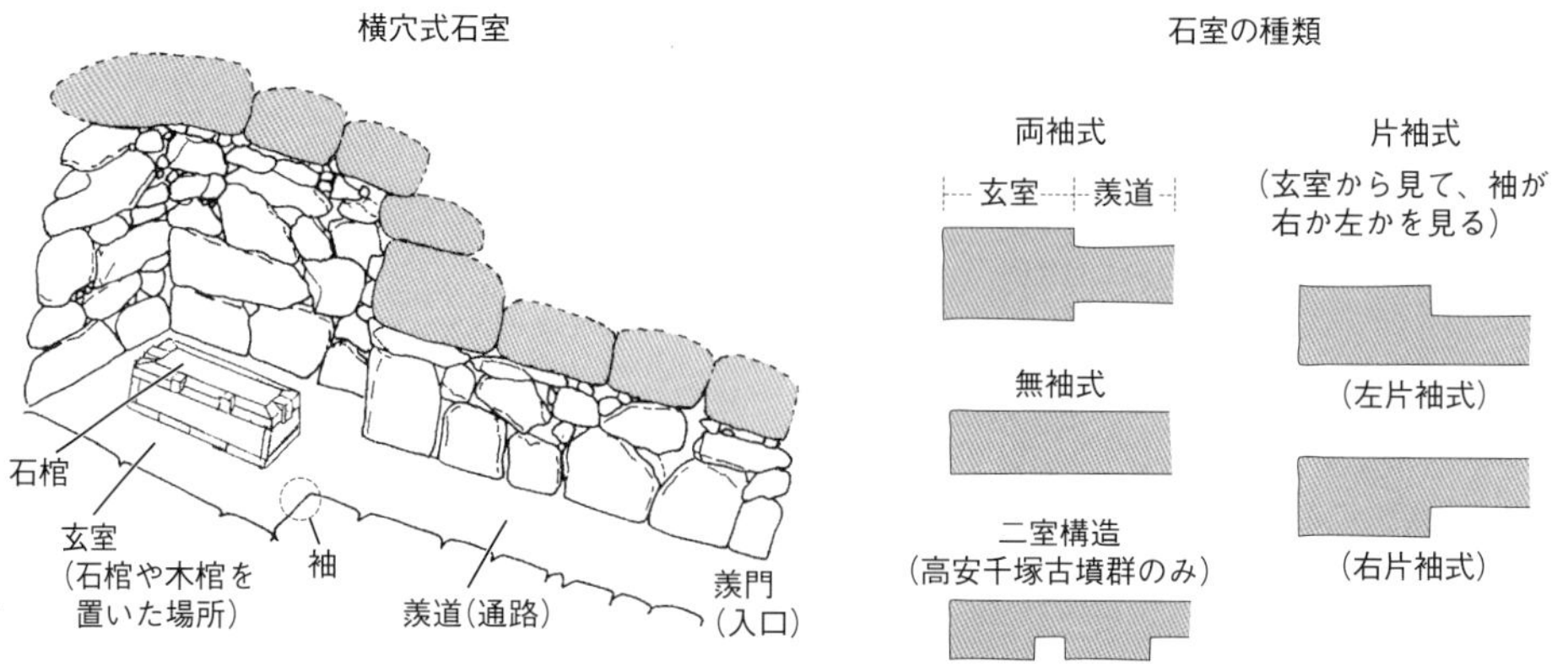

図5 ● 横穴式石室の構造と種類（モデル　開山塚古墳石室）
棺を入れる部屋である玄室と通路である羨道からなる。閉塞石をはずせば何度も追葬ができる構造。袖の付き方によって分類される。

る小規模な古墳で構成される群集墳とのもっとも大きな違いは、墳丘の規模の違いはもちろんであるが、つくられた古墳の多さである。その違いは、古墳に葬られる対象が、古墳を権力の象徴とした大王や有力氏族だけでなく、有力氏族に連なる広い階層にまでおよんだことによる。

河内平野の開発や巨大な前方後円墳の築造が最盛期となった五世紀を経て、六世紀は物部《もののべ》氏や蘇我《そが》氏などの有力氏族を中心にして、その配下の集団をもとり込んだ古代国家の体制が徐々に形づくられる時期である。この時期、高度な技術や知識をもとに河内平野の開発を担った有力氏族配下の渡来人たちは、王権内での地位や役割を高めていった。

しかし、彼らはその死後、平野部の住み慣れた集落のそばに墓をつくることができなかった。墓域の選択は、彼らの発意だけでは不可能である。彼らを支配した有力氏族によってあらかじめ定められた墓域に葬られた。その一つが河内平野をのぞむ高安千塚古墳群なのである。

高安千塚古墳群をはじめとする生駒山地に群集墳がつくられた理由の一つには、渡来人の埋葬の習俗であった朝鮮半島由来の横穴式石室に必要な石材の入手のしやすさもあっただろう。生駒山地は、古墳時代以降も中世の大坂城築城の際や、近世から近代にかけての石切り場があるなど、豊富な石材の入手地であった。

次章では、安土桃山時代の古文書にも記され、古くから知られていた高安千塚古墳群の今にいたる歩みをみていこう。

（藤井淳弘）

第2章　歴史のなかの高安千塚古墳群

1　戦場から名所へ

「千塚」といえば高安千塚古墳群

古くから知られる大型群集墳には、和歌山市岩橋《いわせ》千塚古墳群や奈良県橿原市新沢《にいざわ》千塚古墳群のように、「千塚」を古墳群の名前の一部につけたものが多い。この「千塚」というよび方は、その名のとおり「たくさんの塚（古墳）」がある場所を示した。大阪府内においても、羽曳野市飛鳥千塚古墳群、堺市陶器《とうき》千塚古墳群、和泉市信太《しのだ》千塚古墳群などのいくつかの「千塚」とよばれる群集墳がある。

このような「地名」に「千塚」を加えるよび方は、明治時代以降に名づけられたものである。明治時代以降に「千塚」すなわち高安千塚古墳群を訪れた研究者たちが、当時古墳が集中する場所を意味した「群聚古墳・群集墳・古墳群」などと同じ意味のよび方の一つとして、各地の群集墳で「千塚」を使用するようになったのだろう。

高安千塚古墳群は、すでに安土桃山時代の古文書に「千塚」と記され、全国各地の数ある群集墳のなかでも、もっとも古い記録をもっている。その後、江戸時代になると、観光ガイドブックのはじまりとされる『河内名所図会《かわちめいしょずえ》』など多くの書物に紹介された。全国に数ある「千塚」のなかで、地名を冠さずに「千塚」といえば、高安千塚古墳群のことを示すほど有名であった。

安土桃山時代の千塚

「千塚」の初見となる一五八三年（天正一一）の古文書には、豊臣秀吉の命で大坂城築城のために道路を整備して「千塚之石」を運び出したとある。大坂城の建物を支える石垣に大量の石材が必要になったのである（**図6**）。大和と河内を結び、大坂城に通じる主要な街道のひとつであった十三《じゅうさん》街道にほど近い「千塚」の石室を壊して石材を集めた。いわば古墳破壊の最初の記録ともいえる。

「千塚」の具体的な場所は記されていないが、大坂

図6 ● 大坂城の石垣
徳川家康がつくった現在の大坂城の地下で確認された豊臣期の石垣。
巨石を切り出した切石ではなく、自然の石を積み上げた中に、古墳時代の石室石材や石棺材などが混じっている。

城の規模から推測すると、相当数の古墳が壊されたと考えられる。現在は古墳の分布がわずかである十三街道のすぐ南側あたりかもしれない。この場所は高安千塚古墳群の北方にあたり、現在の高安千塚古墳群の範囲ではない。おそらく本来の高安千塚古墳群は、このあたりまで広がっていた可能性がある。

大坂夏の陣と高安千塚古墳群

次に「千塚」がみられるのは、豊臣家と徳川家が争った一六一五年（慶長二〇）の大坂夏の陣の記録である。大和（現在の奈良県）から峠を越えて十三街道を河内に進軍してきた徳川方の武将、藤堂高虎《とうどうたかとら》が街道南側の「千塚」に、井伊直孝《いいなおたか》が街道北側の「楽音寺」に軍勢を置いたとある。このとき藤堂高虎は、戦場となる河内平野や大坂城をのぞむ小高い「千塚」の地に軍を配した。ただし、この「千塚」の場所の特定はむずかしい。おそらく多くの軍勢を置くことができたことから、すでにこの時期、古墳はなかったのだろう。

これら安土桃山時代から江戸時代はじめにかけての古文書から、たくさんの古墳の存在にちなむ「千塚」の地名が古くから知られていたことがわかる。さらに、本来の高安千塚古墳群の範囲は現在よりも広大で、千塚の名にふさわしく古墳の数も多かったのであろう。

江戸時代の名所として

長くつづいた戦乱の時代が終わり、江戸時代も安定してくると、都市や村々を結んだ街道の整備も進み、人びとの往来が活発化する。そして、各地の歴史や地理、さらには名所や旧跡などへの人びとの関心が高まった。そして、これらを紹介した紀行文や名所記、案内記、道中記といった書物が数多く出版される。

高安千塚古墳群の書物への記載は、河内国の史跡や名所などを記した江戸時代前期にあたる一六七九年（延宝七）に出版された『河内鑑名所記《かわちかがみめいしょき》』にはじまる。著者の三田浄久《さんだじょうきゅう》は、大坂に物資を運んだ柏原船《かしはらぶね》を営む豪商で、俳人としても広く知られており、河内国の名所や旧跡をその場所にちなんだ文人たちの俳諧や狂歌とともにさし絵入りで紹介した。それらは、のちの河内国を紹介したさまざまな書物に大きな影響を与えた画期的なものであった。

また、福岡藩（現在の福岡市）の藩医・儒学者、さらに博物学者でもあった貝原益軒《かいばらえきけん》は、『大和本草《やまとほんぞう》』や『養生訓《ようじょうくん》』をはじめとする多くの書物を記している。筑前国（現在の福岡県）内をくまなく回って『筑前国続風土記《ちくぜんのくにぞくふどき》』をまとめるなど、歴史や自然に造詣が深い人物であった。藩から江戸や京への往復のおりに各地を旅した紀行文もまとめており、一六八九年（元禄二）の近畿地方への旅の際に「千塚」を訪ねたことを記している（『己巳紀行《きしきこう》』のちに『南遊紀行』に再編）。千塚については墳墓ではなく、古い時代の住まい（穴居《けっきょ》）としてとらえていた。

『河内名所図会』の登場

江戸時代後期の一八〇一年（享和元）、高安千塚古墳群を世に広く紹介することになる秋里《あきさと》籬島《りとう》による『河内名所図会』が、絵師の丹羽桃渓《にわとうけい》によるさし絵入りで出版された。著者の現地取材にもとづき執筆され、内容の正確さに加えて名所の立地や建物の配置など、臨場感あふれる立体的な鳥瞰図や多彩な人物像を描いた豊富なさし絵が評判をよんだ。

『河内名所図会』では、高安千塚古墳群だけでなく、古市古墳群にある天皇陵古墳や柏原市安《あん》福寺《ぷくじ》横穴など多くの古墳が、さし絵とともに紹介されている。著者が現地を訪ね歩いて記録した様子がうかがえ、江戸時代における古墳の実態を知ることができる（図7）。

荒れる古墳

河内国の高安郡は、京都から紀伊国（現在の和歌山県）の高野山への参詣の道であった東高野街道が南北に通じる生駒山地の山麓ぞいに位置する。多くの人びとの往来があった街道筋で、現在でいうところの観光ルート上にあたる。このルート上にあった高安千塚古墳群は、前述の『河内鑑名所記』や『河内名所図会』の人気によって名所となっていた。簡単に相当数の古墳を目にすることができる服部川支群や、その南側の郡川北支群にあたる法蔵寺境内の古墳は参拝のおりに見学しやすいことから、たくさんの人びとが訪れたことだろう。

しかし、現代の観光地でもしばしば問題となっている、たくさんの人びとが訪れたことによる環境悪化が生じていた。いにしえの時代に興味をかきたてられ、石室内にたびたび出入りして、おさめられた副葬品を持ちだしたようである。そのため、多くの古墳が荒れていった。

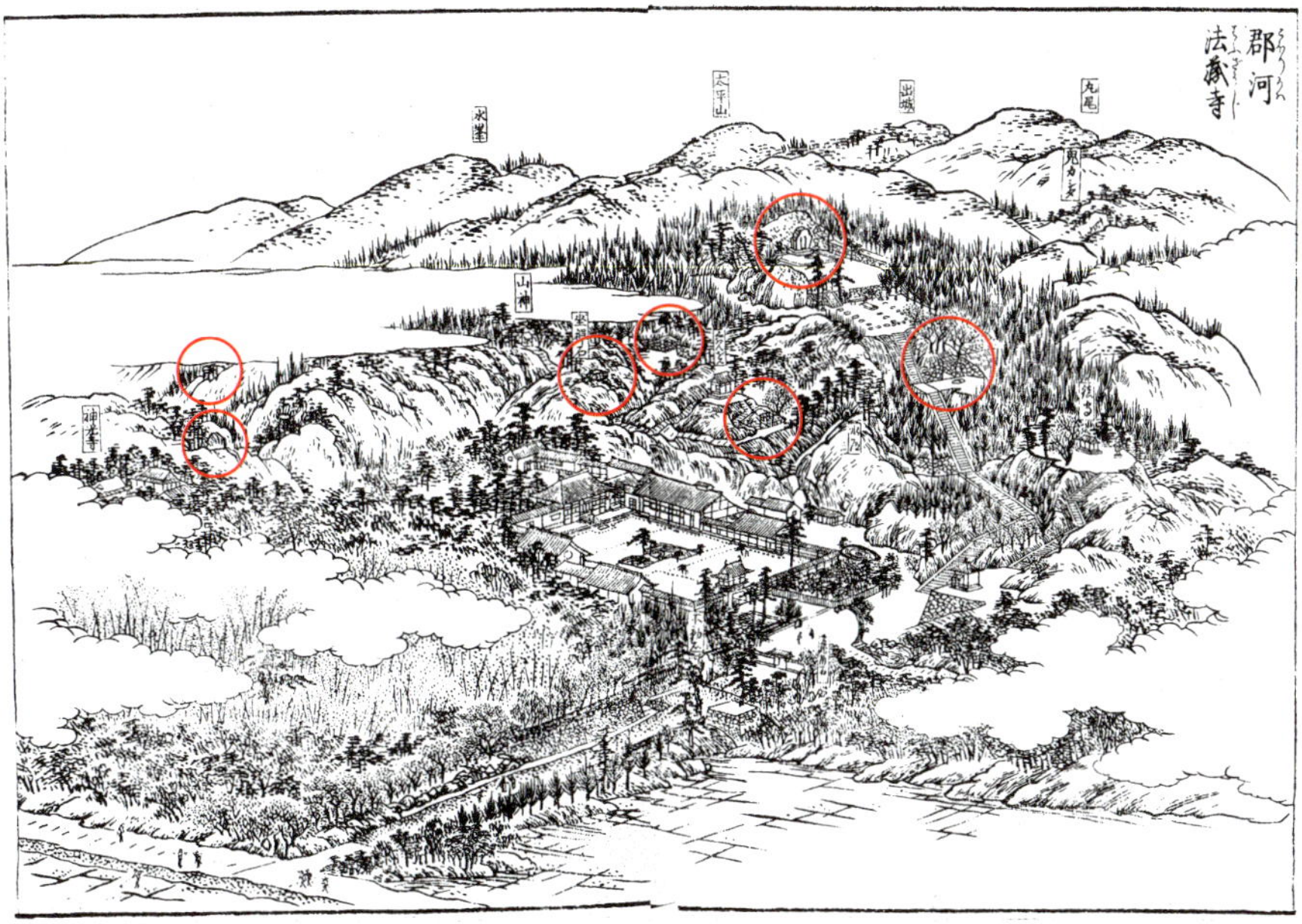

図7 ●『河内名所図会』に描かれた高安千塚古墳群

上は「法蔵寺」のさし絵。法蔵寺の境内は、現在の郡川北支群にあたる。開山塚古墳（郡川1号墳）など7基の古墳の入口や露出した天井石、墳丘の高まりなどをたくみに描き分けている（赤い丸で囲んだ部分）。6基の古墳は現在でも確認できる。下は「郡川のほとり」（おそらく服部川支群）で、人びとが勾玉や土器などを掘り出している。江戸時代、古墳の乱掘が盛んにおこなわれていたことがわかる。

2 研究者たちの来訪

日本の近代化とともに

江戸幕府が終わり、明治維新を経て日本の近代化が急速に進められる。考古学も欧米の先進的な研究方法を受けいれ、学問としての体系を整えていった。その役割を果たしたのは、近代化を進めるために明治政府が招いた、欧米の新しい知識や技術をもついわゆるお雇い外国人たちであった。

彼らは公務の合間の休暇を利用して日本の名所・旧跡を訪ねるため、江戸時代に刊行された『都名所図会』や『江戸名所図会』など各地の『名所図会』をガイドブックとして活用した。河内地域においては『河内名所図会』の「千塚」や「法蔵寺」のわかりやすいさし絵の影響もあって、多くの外国人が高安千塚古墳群を訪れた。現代の訪日外国人旅行ブームのはじまりともいえる。明治時代のはじめで開国間もない頃、外国人を目にする機会の少ない地元の人びとにとって、彼らの来訪はさぞ驚きだったたであろう。

外国人研究者の現地調査

東京都品川区と大田区にまたがる大森貝塚において日本ではじめての学術的な発掘調査したことで有名なアメリカ人の博物学者エドワード・シルヴェスター・モースが、地元大阪の日本人教師たちの案内で、一八七九年（明治一二）に高安千塚古墳群の現地調査をおこなっている。

帰国後、調査した法蔵寺境内の郡川北支群にある開山塚《かいざんづか》古墳石室の実測成果や、服部川支群の古墳が連なる景観、服部川七号墳石室のスケッチなどを掲載した論文を発表した。モースが開山塚古墳石室で実測した数値は、現在の実測とほぼ一致している。さらに石室左側壁のスケッチも現在の実測図と似ており、その正確性がよくわかる（図８）。

そして、大阪の造幣寮に冶金技術者として招かれ、「日本の古墳研究の父」ともいわれるイギリス人のウィリアム・ガウランドが、アメリカ人の英語教師ロマイン・ヒッチコックらとともに、一八八一〜八八年（明治一四〜二一）に高安千塚古墳群の古墳の実測や写真撮影などの

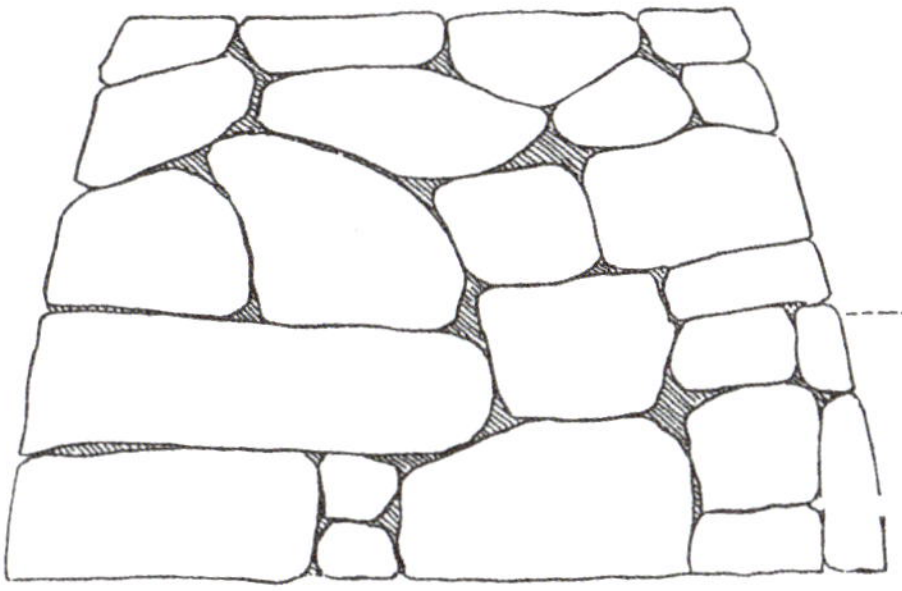

FIG. 7.—SHOWING ARRANGEMENT OF STONES IN SIDE-WALL OF CHAMBER. Length, 14 feet; height, 11 feet 6 inches. The dotted line to the right shows roof of passageway.

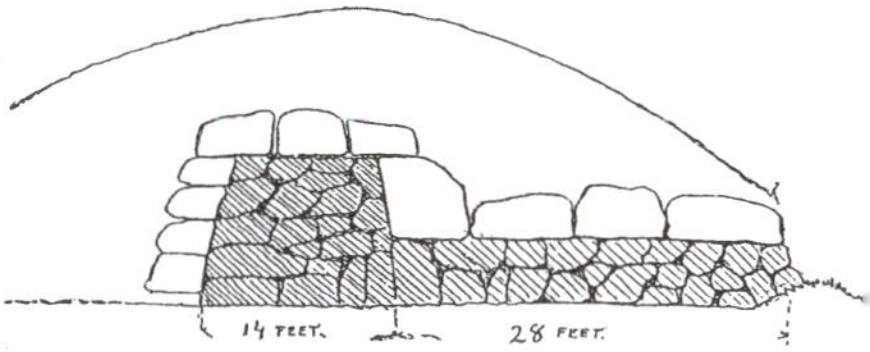

FIG. 6.—LONGITUDINAL SECTION OF DOLMEN, SHOWING CHAMBER AND PASSAGEWAY.

（E・S・モース『日本におけるドルメン』）

図８● モースが調査した開山塚古墳
上はモースの論文に掲載された開山塚古墳の石室の図面。下の実測図や写真とくらべても、石材の特徴をよくとらえたスケッチとなっている。横穴式石室の断面図も、現在の実測図に通じる製図である。

（原資料は大英博物館蔵、後藤和雄複写、明治大学博物館寄託）

図9 ● 二室塚古墳の今・昔
上はガウランドが撮影した石室内部。下が現在の様子。石室床面に流入した土の量が異なるなど、明治時代の石室の状態がよくわかる。（下撮影：阿南辰秀氏）

調査をおこなった。

ガウランドは帰国後に記した論文のなかで、服部川支群にある複室構造の特異な石室である二室塚《にしつづか》古墳（服部川二五号墳）を紹介している。近年、ガウランドが撮影した二室塚古墳などの当時でも珍しいガラス乾板写真が大英博物館で発見されており、明治時代の古墳の姿を知る貴重な資料となっている（図9）。

日本人研究者の来訪

外国人たちによる高安千塚古墳群での現地調査や研究は、日本人の考古学者にも影響を与えた。

一八八八年（明治二一）、日本考古学の発展に重要な役割を果たした若き日の坪井正五郎と山崎直方《なおまさ》が、高安千塚古墳群の北側に位置する神立《こうだち》村や大久保村（現、大窪）にある古墳を一緒に訪れた。古墳がつくられたのちに墳丘が削平され、横穴式石室が露出し、石室の羨道部のみを残した姿から「大窪のドルメン」（大窪・山畑北四号墳）とよばれていた古墳などを実見する（図10）。ただし、モースが訪れた高安千塚古墳群の中心支群である服部川支群を坪井は目にしていない可能性が高い。再

（坪井正五郎「古墳、塚穴、ドルメン同源説」『理学協会雑誌』第６輯第49号、1888）

図10 ● **坪井正五郎がみたドルメン**

坪井は山崎とともに大窪のドルメンを実見し、スケッチを残した。この古墳は現在の高安千塚古墳群の範囲に含まれていないが、考古学史的に意義をもつ古墳である。

調査時に山崎のみが訪れたようである。

坪井は、東京人類学会の創設者で、のちに人類学・考古学者として帝国大学理科大学（現、東京大学）の教授となる。山崎は、旧石器時代から連綿とつづいた集落で著名な藤井寺市国府《こう》遺跡の発見者で、のちに地理学者として帝国大学理科大学の教授となる。

この頃、坪井は、埼玉県比企郡吉見町吉見百穴《よしみひゃっけつ》など横穴墓の解釈をめぐって論争されたいわゆる「穴居論争」の中心にいた。一八八〇年（明治一三）のモースの論文に触発され、高安千塚古墳群を訪れる直前の一八八六年（明治一九）に「塚穴は穴居にあらず」という論文を発表している。そのなかで、高安郡の「塚穴」をモースは古代の住まい（穴居）と考え、自身は墳墓（古墳）と考えているとした。高安千塚古墳群への来訪は、モースを意識したものであった。

その後、一九一四年（大正三）には、のちに京都帝国大学の考古学教室教授となる若き日の梅原末治《すえじ》が、歴史学者の喜田貞吉《きたさだきち》や朝鮮史を専門とし考古学にも造詣が深かった今西龍《りゅう》とともに高安千塚古墳群を訪れている。後年、梅原は数ある各地の千塚の中で、高安千塚古墳群を代表的なものとして高く評価している。

分布調査のはじまり

明治時代前半の一八七九年（明治一二）には、「日本の博物館の父」と称される内務省博物局の田中芳男が高安千塚古墳群の分布調査をおこなっている。その成果は『大坂日報』によると、服部川村には百十余洞、大久保村に四十余洞とある。古墳数の単位を、洞穴を示すと考えられる「洞」と表現しているのは興味深い。両村で合計一五〇基以上の古墳があったようだが、くわしい内容は明らかにされなかった。

一九二三年（大正一二）には、地元の中高安村山畑の郷土史家、岩本文一が分布調査をした成果が『中河内郡誌』に掲載されている。高安山麓全体の古墳を旧村ごとに集計し、山麓の古墳の総数を六四〇基（うち完存古墳一五〇基、破損古墳二三〇基、痕跡古墳二六〇基）とした。そのうち、高安千塚古墳群の範囲に該当すると考えられる「服部川・郡川・山畑・大窪」（旧村）の総数を五六五基（完存古墳一二五基、破損古墳二一〇基、痕跡古墳二三〇基）と報告している。この調査は、高安千塚古墳群を含む高安山麓に分布する古墳の全体像を明らかにする分布調査の第一歩となった。この成果から、現在確認できるよりもはるかに多い数の古墳が大正時代に残っていたことがわかる。

一九二八年（昭和三）の『大阪府史蹟名勝天然記念物　第三冊』では、「高安の千塚は中高安村を所在」とする。そして「特に北は千塚（北高安）より南は郡川（南高安）に至る三十餘町の間、大窪、服部川、山畑の諸部落の東部には古墳の分布最多く、古来称して高安の千塚といひ」とある。高安千塚古墳群の名称や範囲が現代に近いものとなっていることがわかる。

一九四一年（昭和一六）には、京都大学考古学研究室が小林行雄の指導により神立にある愛宕塚《あたごづか》古墳で実測実習をおこなっている。おそらく大阪府下最大である横穴式石室の実測を目的としたものだろう。そして、太平洋戦争開戦の放送を墳丘の上で聞いたという。

受けつがれなかった研究

このように高安千塚古墳群は、「千塚」の代名詞として、明治時代から昭和時代はじめにかけて日本考古学の発展の礎《いしずえ》になった多くの人物が関心をもった。とくにモースとガウランドが訪れ、海外に紹介したことは、日本考古学の出発点に大きな軌跡を残した。

一方で、高安千塚古墳群における研究成果は、近代の古墳研究に直接的には受けつがれなかった。外国人研究者の論文が海外での発表であったこと、また、現地を数多く訪れた日本人研究者の山崎直方の専門が、考古学から離れたことがその要因といえる。

しかし、彼らが踏査・調査した開山塚古墳や二室塚古墳などの古墳は現存しており、当時の調査記録との比較、再検証をおこなうことができる。また、のちに日本地理学の先駆者となった山崎が一九〇五年（明治三八）に記した『大日本地誌』をはじめとして、彼の門下生らが記したさまざまな地理学・地誌学の書物をみると、早くから高安千塚古墳群は古墳としてきちんと紹介されていることは注目すべきである。

3　観光地になった高安千塚古墳群

古墳ではなかった高安千塚古墳群

明治時代の研究者たちの来訪をへて、学術的には高安千塚古墳群などの横穴式石室を古墳の埋葬施設とする一方で、一般の人びとは、高安千塚古墳群をどのようにみていたのだろうか。

『河内名所図会』などに代表される江戸時代の書物に記されたように、高安千塚古墳群は古くから名所であった。その性格については、洞窟のような横穴式石室の形状から、妖怪の一種とされた「恙虫《つつがむし》」や「火の雨」などの災害を防ぐための避難場所や、古代の住まいとする穴居説、そして墳墓説などいくつかの解釈があった。

しかし、江戸時代において貝原益軒が、高安千塚古墳群や各地の古墳を墳墓ではなく、古い時代の住まいとしたことは、のちの時代にも影響を与えた。明治時代の歴史地理学者の吉田東《とう》伍《ご》が、全国の歴史・地理を集大成した一九〇〇年（明治三三）の『大日本地名辞書』には、千塚を「古代壊家」と記している。坪井正五郎らの穴居論争を知っていたであろう学識の高い吉田は、ドルメン状に石室が残った古墳を古代の壊れた家としてとらえ、穴居説を採用したのだろうか。貝原益軒以来の説をふまえた可能性もある。

一九二八年の『大阪府史蹟名勝天然記念物　第三冊』によると、学問上、高安千塚古墳群を古墳とする一方で、一般の人びとが穴居跡と考えていたと紹介している。近代考古学の進展から、この時期、多くの研究者が「千塚」を現在のように古墳の集まりと考えるようになっていた。しかし、必ずしも当時の人びとはそう考えていなかった。

いにしえの遺跡・穴居跡

モースらの来訪を経た明治時代後半頃の新聞には、梅の見頃の季節に北高安村の梅林とともに、「穴居跡」とする「千塚」を散策するコースがひんぱんに紹介されている。関西鉄道（現在のＪＲ関西本線の前身）が一八八九年（明治二二）に開業して、観光地への移動手段が徒歩から鉄道に変わる時代の到来である。

新聞の記事では穴居時代の住まい、あるいは古代の墳墓の説もあるとしながらも、ガウランドや帝国大学教授たちが見学に来て、千塚を穴居跡としたとしている。この頃はまだガウランドの業績が日本の考古学界にすらあまり知られていなかった時期である。また、帝国大学の教授とは、坪井正五郎のことだろう。しかし千塚を訪ねた頃は、帝国大学の助手にすぎなかった。彼らの正確な研究成果等は伝わっていなかったものの、地元には彼らの名前と調査の記憶がしっかりと残っていたことがわかる。

鉄道網の整備と穴居跡の見学

一九一四年（大正三）、大阪電気軌道株式会社（現、近畿日本鉄道）が、現在の近鉄奈良線の前身となる鉄道を上本町駅から奈良駅まで開業した。現在、北高安地域にある松の馬場と大竹地蔵堂のそばに「左　高安遊園地　四千年前穴居跡　徒歩近道」と刻まれた、おそらく鉄道開業時ごろに建てられた石製の道標が残っている（**図11右**）。

この道標にある「高安遊園地」は、「北高安遊園（梅林）」のことである。そして、その近くに「四千年前穴居跡」があったことがわかる。「千塚」が古墳ではなく、四千年前にあったはるか昔の穴居跡として観光地になっていた当時の名残の道標である。この道標が示す遊園地（梅林）に近い「四千年前穴居跡」とは、同じ地域にある大阪府下最大の横穴式石室の規模を有する愛宕塚古墳だったと考えられる。ただし、愛宕塚古墳は、高安千塚古墳群の範囲に含まれない場所にある（**図11左**）。

明治時代の終わりから大正時代にかけての人びとの多くは、「千塚」を墳墓ではなく、考古学的な研究成果からは切り離され、江戸時代以来となえられていた古墳時代よりもはるか昔の四千年前の穴居跡と考えていた。この穴居跡がたくさん連なる「千塚」を北高安村の梅林とセットの観光地として、もの珍しく見学していたのだろう。

吉田初三郎が描いた高安千塚古墳群

信貴山観光の象徴ともいえる信貴山電鉄の開業時に合わせて出版された『信貴山名所図絵（大軌信貴山電鉄交通図絵）』にも高安千塚古墳群が描かれている（**図12**）。その絵を手がけたのは、全国各地のパノラマ風の鳥瞰図で一世を風靡した吉田初三郎である。

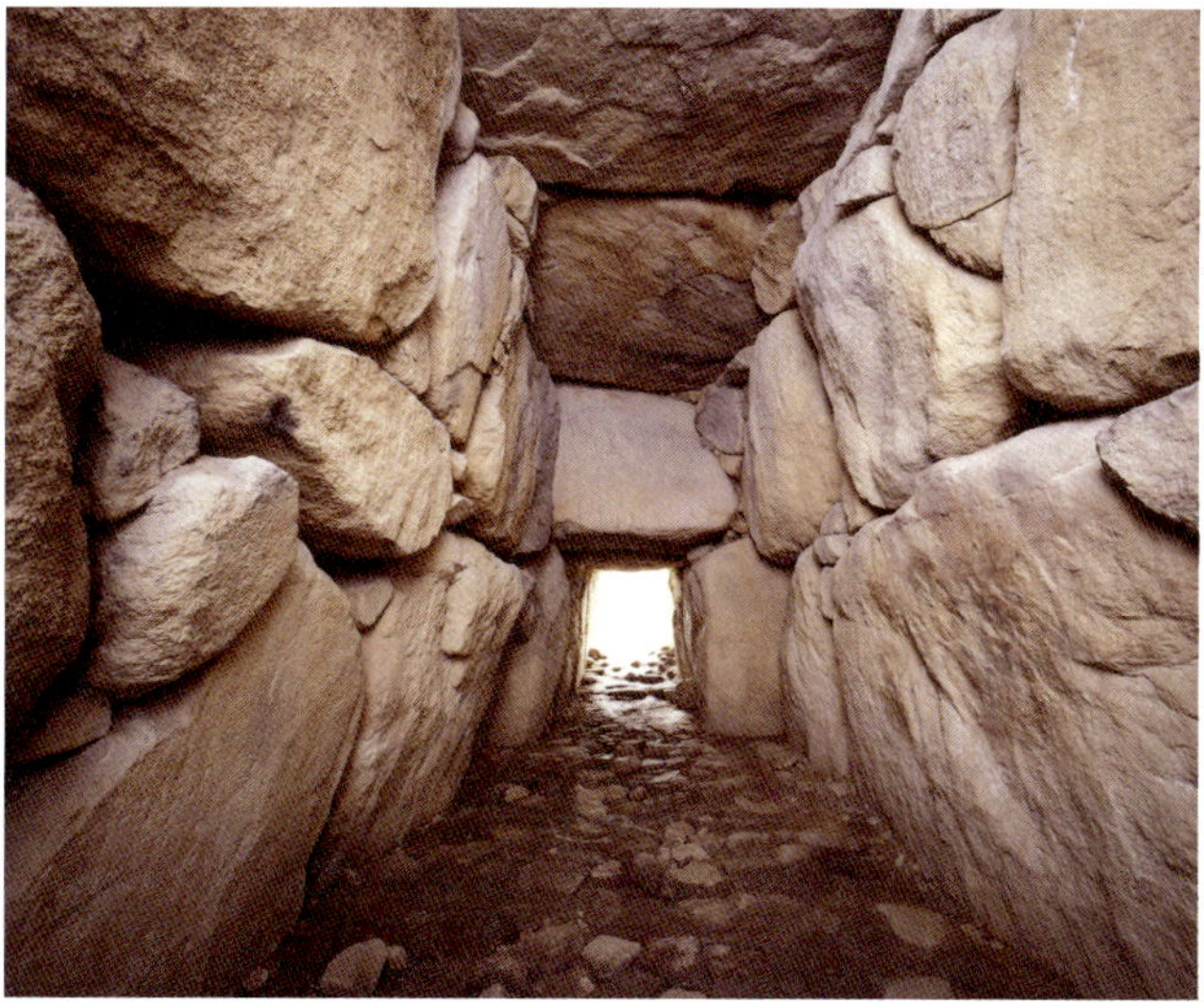

図11 ● 愛宕塚古墳石室（左）**と四千年前穴居跡への道標**（右）
府下最大規模の愛宕塚古墳の石室は、戦前から有名で、梅林とともに観光名所であった。当時の新聞記事によると、石室内を現在でいうところの夜間のライトアップをしていたようである。（左撮影：阿南辰秀氏）

初三郎は、鳥瞰図を描くにあたって事前に全国各地を旅している。これらの古墳を描いたのは鳥瞰図全体ではあくまで一部分にすぎないが、その位置関係は正確であることから、『河内名所図会』を参考にしつつ、現地取材などもおこなった可能性がある。

観光地としての終焉

一九三三年（昭和八）に、国の鉄道省（現在の国土交通省）が全国の鉄道沿線にある多くの名所等をまとめた『日本案内記　近畿篇下』にも高安千塚古墳群が掲載されている。その監修者に刊行時にはすでに亡くなっていた山崎直方が名を連ねていることは興味深い。若き日に高安千塚古墳群を調査したことを晩年まで忘れていなかったのだろう。山崎の高安千塚古墳群への貢献については、もっと評価されてよい。ちなみに『日本案内記』は、戦後すぐ

図12 ● 吉田初三郎の『信貴山名所図絵』
信貴山口駅の北側の神光寺の上方に服部川支群の二基、法蔵寺の周辺に郡川北支群大小二基（大きい方は支群最大の開山塚古墳か）が描かれている。下方の二基は、位置関係から、前方後円墳である郡川西塚古墳と郡川東塚古墳の可能性が高い。

に新たな版が出版されるなど、現在の観光ガイドブックの原型ともいわれている。ここでも高安千塚古墳群が戦前とほぼ同じ内容で再掲されている。

この時期の人びとは、「千塚」の名が残る地を優先したようで、その名を冠した千塚村と愛宕塚古墳がある神立村が合併し、一八八九年（明治二二）に成立した北高安村に「千塚」があると考えていたようである。ちなみに千塚村のあった地に、古墳はほとんど見られない。また、高安千塚古墳群の中心支群である服部川支群は、隣の中高安村に属している。

明治時代から昭和時代はじめにかけての新聞記事や沿線案内、そして北高安地域に残る道標は、人びとが高安千塚古墳群をどのように見ていたかを知ることができる。

失われた古墳

以上のように戦前の高安千塚古墳群は「千塚」として脚光を浴び、その名を知られるようになってはいたが、人びとは古墳として見ていたわけではなく、また貴重な文化財であるという認識も少なかった。そうしたなか、実際は開墾や乱掘、石室石材の入手などのために多くの古墳が失われていった。

地元の郷土史家で『中河内郡誌』の編纂委員でもあった清原得巖は、失われた古墳の貴重な記録を残している。その記録によると、一八九七年（明治三〇）に高安千塚古墳群西方に位置し、高安千塚古墳群の出現に大きな影響を与えた前方後円墳である郡川東塚古墳と、一九〇二年（明治三五）に郡川西塚古墳のそれぞれ横穴式石室が開口し、副葬品が持ち出された。

さらに一九〇八年（明治四一）に大窪・山畑支群の西端にあった長者の箸塚《はしづか》古墳（大窪・山畑四九号墳）、一九一〇年（明治四三）にうし塚古墳（大窪・山畑五〇号墳）、一九三四年（昭和九）に服部川支群最深部に位置する森田山古墳（服部川一三四号墳）などが破壊されたという。森田山古墳でみつかった金銅装大刀（**図41参照**）や須恵器などの副葬品は、出土直後に新聞にも報道された（**図13**）。

4　戦後の考古学のはじまりとともに

太平洋戦争が終わって一〇年を経た一九五五年、末永雅雄が飛行機を利用して空から高安千塚古墳群を観察、撮影し、服部川支群の古墳が連なる群集墳の景観や立地を記録した（**図14**）。空からの古墳観察という、戦後考古学の新たな調査方法を象徴するものであった。戦後の農地解放によって服部川支群内の大部分が畑になっている中に、円墳状の墳丘の高まりが良好に分布している様子がわかる。現在の同支群の状況と比較するうえで貴重な写真である。

一九六一・六二年には、白石太一郎氏の調査により一四七基が確認された。また一九六〇〜

考古學上に
有力な資料
高安村の山林中から
劍や高坩など

中河内郡高安村服部川村想三郎氏は自己所有の同村西舞台の山林を開拓中、十七日地下百尺のあたりから長さ二尺三寸の直刀一本、高さ一尺五寸、直徑五寸の祝部式高坩一個をはじめ金環一個、有蓋盃杯の破片などを發見したので直に同村の考古學者清原得巖氏の鑑定を求めたところ、右は何れも約千四百年以前のもので貴重な史料であることが判明した、殊に刀劍についてゐる鍍金のハート型鍔の如きは燦然たる光りを放つてゐるが、これなどは今まで例をみないものである、右につき清原氏は語る

本村はその昔漢の貴族が歸化して住んだ土地で文化が進んでゐたことは史實に徴して明かである、これは相當貴人の古墳であることは刀劍、金環、土器などで考へられる、刀劍の裝飾が比較的完全に殘つてゐることも珍らしい

小麥と菜種の
販賣統制協議
豐能の廿町村

豐能郡で細河、止々呂美二村を除く二十ケ町村では、本年度から府當局の方針に從ひ小麥、菜種の販賣統制に全力を注ぐこととなり六月中左の日割で農務課員、府、郡

図13 ● 森田山古墳から出土した金銅装大刀の記事
朝日新聞大阪地方版1934年（昭和9）5月18日の記事。発見時に立ち会った清原得巖により鑑定がおこなわれたことが記されている。

六三年の地元研究者・沢井浩三による分布調査をきっかけとして、一九六六〜六八年の大阪府教育委員会、一九七三〜七四年の中田遺跡調査会有志、一九八六〜九〇年の高安城を探る会などの市民の参加によって、分布調査が積み重ねられていった。

なかでも白石氏は、分布調査の成果を一九六六年に「畿内の後期大型群集墳に関する一試考」にまとめ、高安山麓で古墳がもっとも集中する地域を「高安千塚古墳群」とよび、谷筋ごとの水系に分けた「山畑支群・服部川支群・郡川支群」の三つの支群設定をおこなった（**図15**）。そして横穴式石室の型式編年をもとに、古墳群の形成過程を整理している。さらに柏原市平尾山古墳群でも同様の分析をおこない、近畿地方の大型群集墳のなかで高安千塚古墳群の考古学的な評価を位置づける端緒とした。

さらに花田勝広氏は、高安千塚古墳群を含む高安山麓全体の古墳の踏査を一九九〇〜二〇〇八年にかけて一九年もの間とり組み、開口する一二八基の横穴式石室の実測図をつくりあげた。

この分布調査の集大成ともいうべき成果によって、これまでの分布調査で確認されていた石室が半数近く資料化さ

図14 ● 空からみた高安千塚古墳群
現在の高安千塚古墳群は、樹木が繁茂しており、古墳がつくられた当時の姿をイメージしづらいが、この航空写真では円墳が連なる群集墳の景観がよくわかる。

れ、高安千塚古墳群の研究を大きく進めることとなった。

花田氏は、白石氏の支群設定をさらに充実させ、高安千塚古墳群を「大窪・山畑南支群、服部川支群、郡川支群」の三支群とし、石室の実測成果をもとに各支群の形成過程を検討した。

そして、

一、群の核となる大型横穴式石室が服部川支群に集中する。

二、群の形成が三支群を根幹として展開する。

三、高安千塚古墳群の群形成の影響下に、周辺の群集する支群が形成された。

とし、高安山麓に分布する群集墳のうち高安千塚古墳群を、中核の古墳群と位置づけ、また文献にみられる高安地域の渡来系氏族の居住領域と高安千塚古墳群を中心とする高安山麓の墓域との関係を指摘した。

（藤井淳弘）

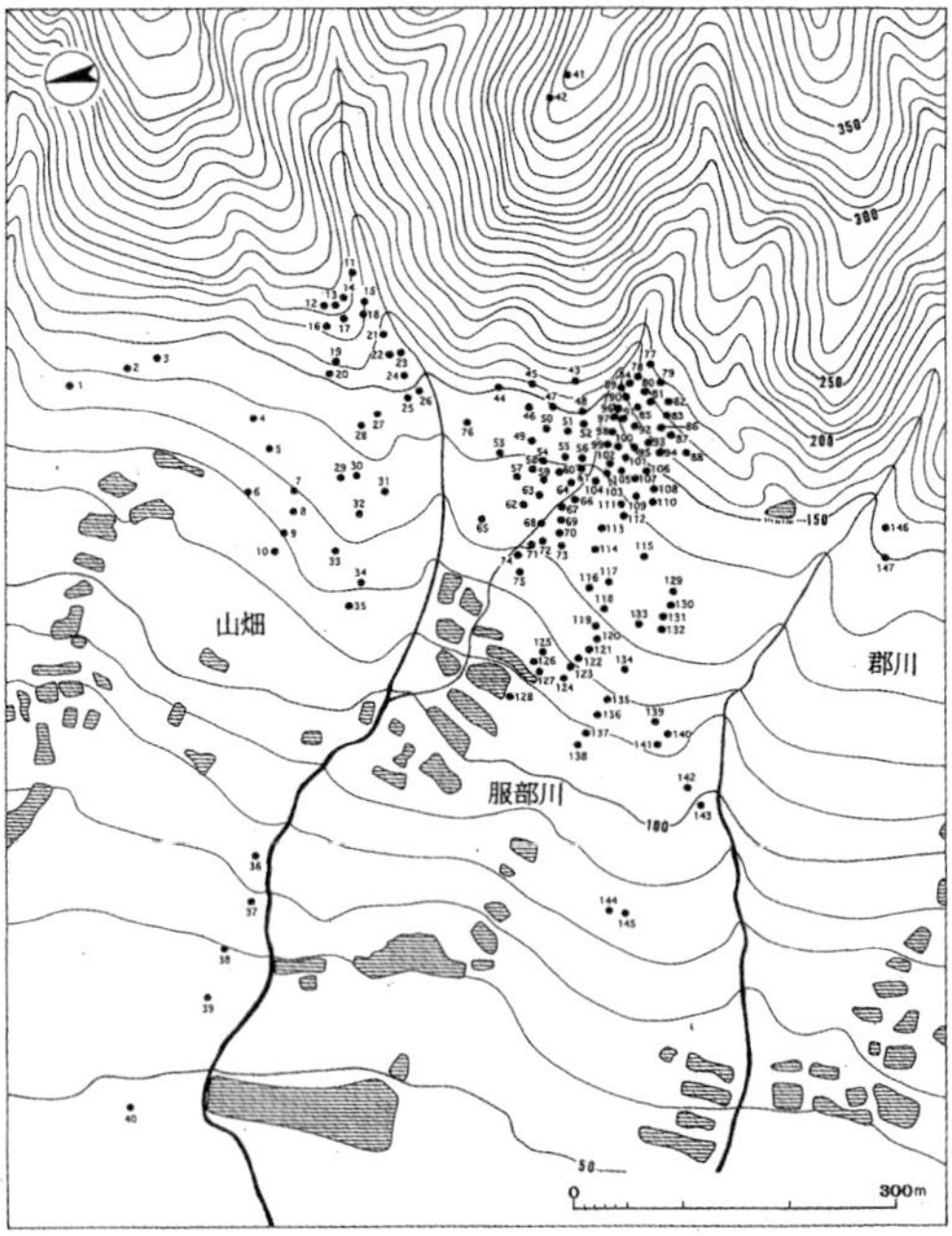

高安千塚古墳分布図

時期 / 支群	Ⅰ期	Ⅱ期	Ⅲ期	不明	合計
山　畑	3	2	13	22	40
服部川	2	21	56	28	107
合　計	5	23	69	50	147

高安千塚横穴式石室の時期別分類

図15 ● 白石太一郎氏が調査・分析した高安千塚古墳群

白石氏の論文「畿内の後期大型群集墳に関する一試考」は、現在でも高安千塚古墳群を理解するための基礎となっている。また、高安千塚古墳群の国史跡指定の際には、白石氏にご尽力いただいた。

5　国史跡化をめざして

これまでみてきたように、高安千塚古墳群の調査研究は、着実に積み上げられてきた。しかし、日本の高度経済成長期を経た昭和五〇年代以降、八尾市の市街化が急速に進み、高安千塚古墳群がある山麓一帯でも、古墳保存の危機が迫るようになった。また、さまざまな環境悪化により、古墳群周辺の景観も損なわれはじめていた。そして第1章で述べたように郡川東塚古墳が、二〇〇一年に記録保存の発掘調査がおこなわれたのちに消失した。

このことから、八尾市教育委員会では、山麓の古墳群全体の保存を図るとり組みを進め、国史跡化のための調査をおこなうこととなった。国史跡化の基礎資料を得るためには、普通なら重要遺構確認のための発掘調査をするが、広大な面積を有する高安千塚古墳群を発掘調査するには、長期の年月が必要であり、保存には間に合わない。

まずは古墳群の全容を把握するための詳細分布調査を二〇〇五年から開始した。この詳細分布調査は、大変やりがいのあるものだった。それは、多くの先学が調査した憧れの研究フィールドだったからである。なかでも、白石氏の「畿内の後期大型群集墳に関する一試考」は、氏が大学院時代の若き日に書いたもので、高安千塚古墳群と平尾山古墳群の踏査という地道なフィールドワークから、後期大型群集墳の性格を論じた画期的な論文であった。その研究は、当時の多くの若い研究者に大きな影響を与えている。

学生の頃からあこがれていた「高安千塚古墳群」を調査できる、その喜びを噛みしめつつ、詳細分布調査にとりかかった。調査には高安城を探る会などの古墳にくわしい市民研究者の参加を得て、進めていった。詳細分布調査は、広大な面積に広がる高安千塚古墳群の範囲を網羅的に踏査していく。時にはイノシシのように藪をかき分けて山の中を歩いていく。古墳の平面図の詳細なスケッチを作成し、墳丘の大きさを巻尺やハンドレベルという簡易測量器で測って記録する。そして、古墳を観察して気づいた考古学的所見や古墳の現状についての所見は、すべて台帳に記録していった。また、古墳であるかもしれないという地点（古墳状地点）も、漏れなく記録した。アナログな作業だけに鉛筆とコンパスと巻尺とハンドレベル、そしてカメラなどがあればできる作業だ。簡易な装備で、広大な古墳群などの重要遺跡の基礎資料づくりができる点が有効である。

このようにして四年間に、約四〇万平方メートルに広がる高安千塚古墳群の全体範囲を踏査し、二三〇基の古墳（図17参照）と二三八カ所の古墳状地点を確認した。また、古墳群内の重要古墳については、石室の実測調査と墳丘の測量調査をおこなっていった。

それでは、この高安千塚古墳群を実際に歩くイメージで紹介していこう。

（吉田野乃）

図16 • 石室（開山塚古墳）の実測調査や詳細分布調査のようす
石室内は暗いため、カンテラで照らしながら詳細な図をつくる。
藪のなかを踏査して古墳を測り、台帳に記録していく。

第３章　高安千塚古墳群を探る

1　高安千塚古墳群を歩く

河内平野をのぞむ古墳が連なる群集墳の景観のなかで、巨石を組み上げた横穴式石室を見ることができ、さらに現代まで残された歴史的景観をも実感できるこの大型群集墳を、まず歩いてみよう。山の中を歩くため、とくに夏はムシやヘビなどもいて危険なので、見学の時期は秋や初春など気候のよいときをおすすめする。

高安千塚古墳群へは、近鉄服部川駅がもっとも近い。しかし、服部川駅から古墳群の中心である服部川支群へ行くには、急斜面を登っていくことになるので、北側の大窪・山畑支群から回るのが楽なコースである（九三ページ地図参照）。古墳のほとんどは植木畑などの私有地や墓地にあり、石室が崩れかけているなど大変危険なものも多いことから、見学にあたっては八尾市の案内冊子（九二ページに紹介のホームページからダウンロード）を必ず確認して、内部

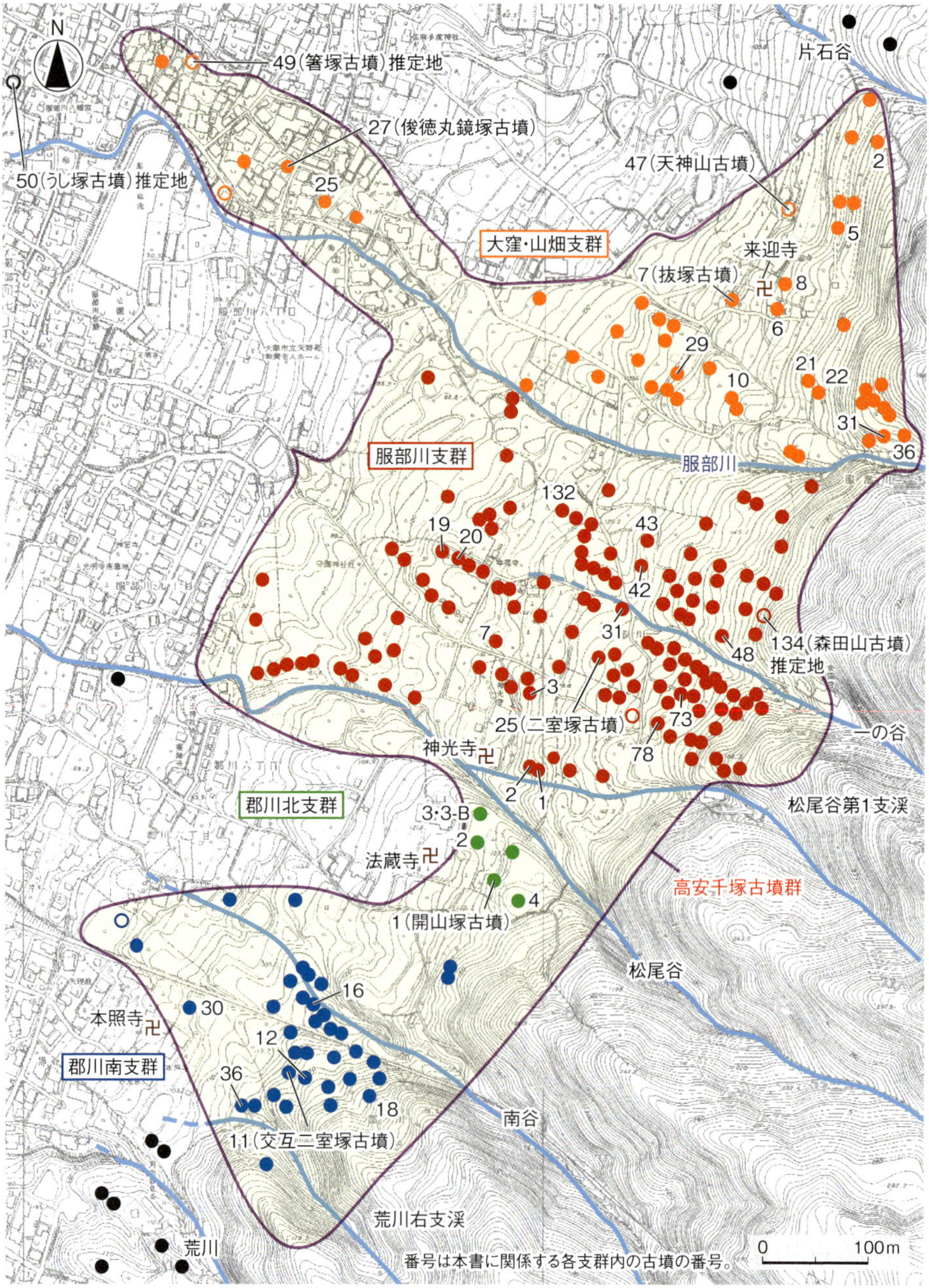

図17 ● 高安千塚古墳群分布図

まんなかの赤丸が中心となる服部川支群、北側の橙色丸が大窪・山畑支群、南側の緑丸が郡川北支群、青丸が郡川南支群。(八尾市教育委員会2012をもとに作成)

見学可能な古墳以外は、けっして中には入らず、外から注意して見学していただきたい。また、丹精込めてつくられている植木畑の植木を傷めたりしないよう、充分注意してほしい。

大窪・山畑支群

五〇基の古墳からなる支群である。このうち三基が国史跡、一基が市史跡となっている。この支群は、七世紀代にはほとんど新たな造墓がおこなわれなくなる高安千塚古墳群のなかで、抜塚《ぬけづか》古墳（大窪・山畑七号墳、六世紀末から七世紀初め頃）や天神山古墳（大窪・山畑四七号墳、七世紀後半、消失）など、一部の古墳が七世紀代までつくられることが特徴である。

俊徳丸《しゅんとくまる》鏡塚《かがみづか》古墳（大窪・山畑二七号墳、国史跡、**図18**）服部川駅から東へすぐの住宅街の中にあるので静かに見学する。支群でもっとも低い標高六〇メートル前後にある径一五メートルの円墳である。玄室長四・〇メートル、玄室幅二・二メートル。玄室床面積は、八・八平方メートル（畳五〜六枚分）の右片袖式石室である。石室の右

図18 ● **俊徳丸鏡塚古墳**（大窪・山畑27号墳）**入り口部分**
入り口部分は開口している。左手に俊徳丸の石碑と實川延若寄進の焼香台がみえる。

奥天井が崩落しかかっているため、羨道から内部を見学する。この古墳は、これから高安千塚古墳群を見ていくにあたり参考となる典型的な古墳である。玄室（人が葬られる場所）の大きさが、高安千塚古墳群でもっとも多い中～大型の石室で、石室形式はもっとも多い右片袖式、時期はもっとも多くの古墳がつくられた六世紀後半である。

この古墳は、謡曲や歌舞伎の演目として有名な「俊徳丸」の名がついているように、文学史跡としても貴重で、歌舞伎役者が寄進した石造物が残されている。入ってすぐ右、縦長の石は昭和の名優六代目尾上菊五郎が寄進した燈籠の竿石、石室の前の焼香台は二代目實川延若《じつかわえんじゃく》、左側の手水鉢は七代目松本幸四郎の寄進で、それぞれに役者の名前が刻まれている。このような著名な歌舞伎役者の石造物は、昭和初年頃に山畑に在住し、身体障がい者の社会復帰に力を尽くした日本画家の大石順教尼によって、寄進の依頼がされたものである。

ここから、大窪・山畑支群の中心に向かって登っていこう。この道が奈良県（大和）へぬける立石峠越えの道である。この

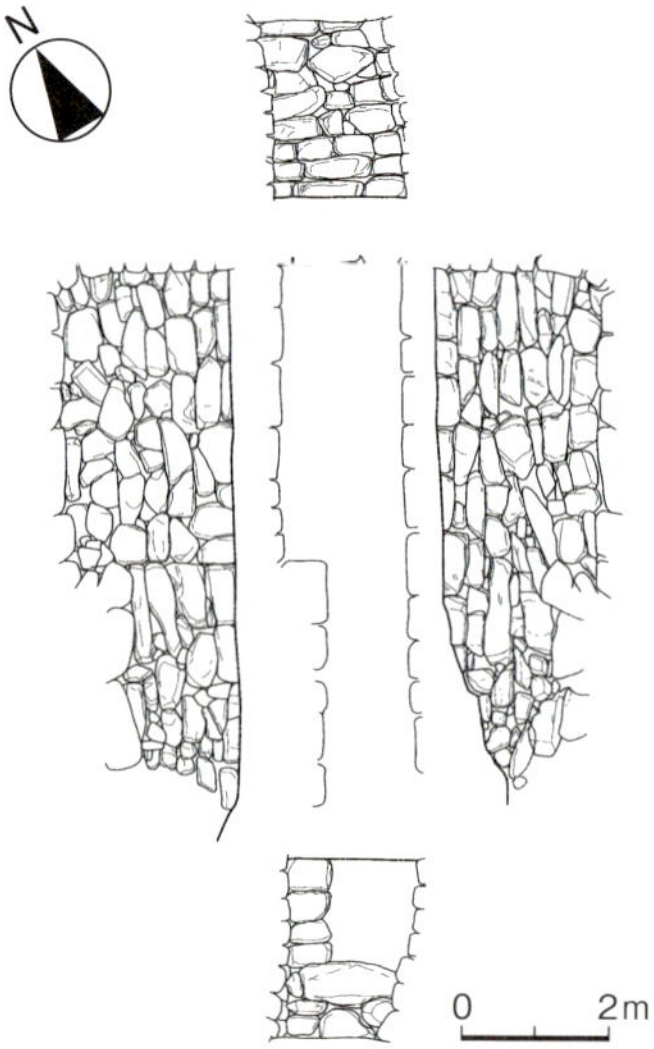

図19 ● 大窪・山畑６号墳と抜塚古墳遠景（左）、**大窪・山畑６号墳石室実測図**（右）
左の写真の来迎寺屋根のすぐ奥に見えるのが大窪・山畑６号墳、その右手少し下に見えるのが抜塚古墳。右の実測図にあるように大窪・山畑６号墳の石室は、小ぶりの石材を積み上げ、平面プランは長方形である。（撮影：牧江良祐氏、石室実測図：花田勝広氏）

付近の古墳も一八八一～八八年（明治一四～二一）にウィリアム・ガウランドがガラス乾板による写真撮影をおこなっている（2章参照）。ガウランドが、この道を一三〇年ほど前に歩いたと考えると感慨深い。

大窪・山畑六号墳（国史跡）・**抜塚《ぬけつか》古墳**（大窪・山畑七号墳、国史跡）・**大窪山畑八号墳**（市史跡）　俊徳丸鏡塚古墳から歩くこと一〇分程度、東へ三五〇メートルくらいの道のりを登ると、浄土宗来迎寺の墓地が見えてくる（**図19左**）。ここは江戸時代からつづく古い墓地で、江戸時代の医家であった田中元緝の墓（墓地内最高所）などもある。まずは、来迎寺に参拝、そこから向かって右側に小さな子ども向けの遊具がある広場があり、この前に古墳の説明板がある。墓地の中に入らないよう、注意して見学する。

説明板のある位置から南側を見て、上側のこんもりとした墳丘が六号墳。高安千塚古墳群でも、もっとも古い六世紀前半頃の時期である。畿内型A類（五三ページ参照）といわれる長方形プランの石室で、小ぶりの石材を七～八段積みにしている（**図19右**）。石室の平面形状が、奈良県の市尾《いちお》墓山《はかやま》古墳の石室に

図20● **大窪・山畑8号墳**（左）**と抜塚古墳**（右）
抜塚古墳は南側から羨道をみたもの、巨石を使用していることがわかる。大窪・山畑8号墳は、玄室から羨道をみたもの。6号墳につづく時期で玄室は縦長で、石材も比較的小ぶりである。（撮影：阿南辰秀氏）

近い。非常に貴重な古墳であるが、石室の石組みが大変弱く天井に穴があき危険な状態なので現在、開口部をふさいでいる。くれぐれも古墳の上には登らないでいただきたい。

六号墳の下の墓地内にあるのが八号墳で、六号墳のつぎにつくられた（図20左）。六世紀中葉頃の畿内型A類の長方形プランの石室で五〜六段積みである。

この下側、説明板と同じ高さの位置にあるのが抜塚古墳である（図20右）。古墳をトンネルのように通り抜けることができることから、抜塚古墳といわれているが、実は、六世紀末から七世紀初め頃につくられた大型の右片袖式石室の羨道部分である。羨道の袖石にあたる石材は一石で、巨大な石材が使われている。通路の北側が玄室のあった場所で、よく見ると古墳の丸い盛り土の地形が　石垣に残されている。

来迎寺墓地内にある古墳は、一つの集団が代々にわたってつくったものであり、六号墳（六世紀前葉頃）→八号墳（六世紀中葉頃）→抜塚古墳（六世紀末から七世紀初め頃）の順につくられている。

服部川支群

来迎寺墓地から南に農免農道を歩くこと約一〇分、農免農道の南端にたどり着く。この付近が服部川支群の真ん中あたりになる。服部川支群は高安千塚古墳群の中心となる支群で、古墳がもっとも密集しており、墳丘の裾を重ねるようにしてつくられている。大型の石室が多い。服部川支群一三七基のうち、一〇二基が国史跡になっている。ほとんどの古墳が植木畑の中にある。

服部川七号墳（国史跡）　道路から入り口がすぐ見える（**図21・22**）。径二二メートルの円墳で、高安千塚古墳群最大の右片袖式石室である。玄室長四・六メートル、玄室幅二・九メートル。玄室床面積は一三・三四平方メートル（畳約九枚分）の大型石室で、石室のつくりは大変精緻で美しい。実は、高安千塚古墳群の石室は大型石室が多いことに加えて、このように非常に精緻なつくりのものが多い。

また、この古墳は一八七九年（明治一二）にモースが、石室の内部をスケッチしたと推定されている。

二室塚《にしつづか》古墳（服部川二五号墳、市史跡）　七号墳から神光寺墓地の前の道を通り、急斜面を上がったところにあるのが二室塚古墳である（**図23**）。石室の前に説明板がある。石室の入り口の天井部が崩落し、危険なため立ち入りできないが、外から内部を注意して見てみよう。

これは、二室構造という大変めずらしい構造の石室で、全国的にも服部川支群の二室塚古墳と郡川支群の交互《こうご》二室塚《にしつづか》古墳（**図31**）にしか見られない貴重なものである。複室構造といわれる玄室の前に小さな前室をもつ構造の石室は九州などを中心にあるが、

FIG. 5.—APPEARANCE OF CHAMBER FROM PASSAGEWAY.

（E・S・モース『日本におけるドルメン』）

図21 ● 服部川7号墳の石室入り口（左）**と1879年モースのスケッチ**（右）
墳丘と石室の入り口の状態がよくわかる古墳。モースは1879年に開山塚古墳のほか、この服部川7号墳を含め9基を調査している。（撮影：阿南辰秀氏）

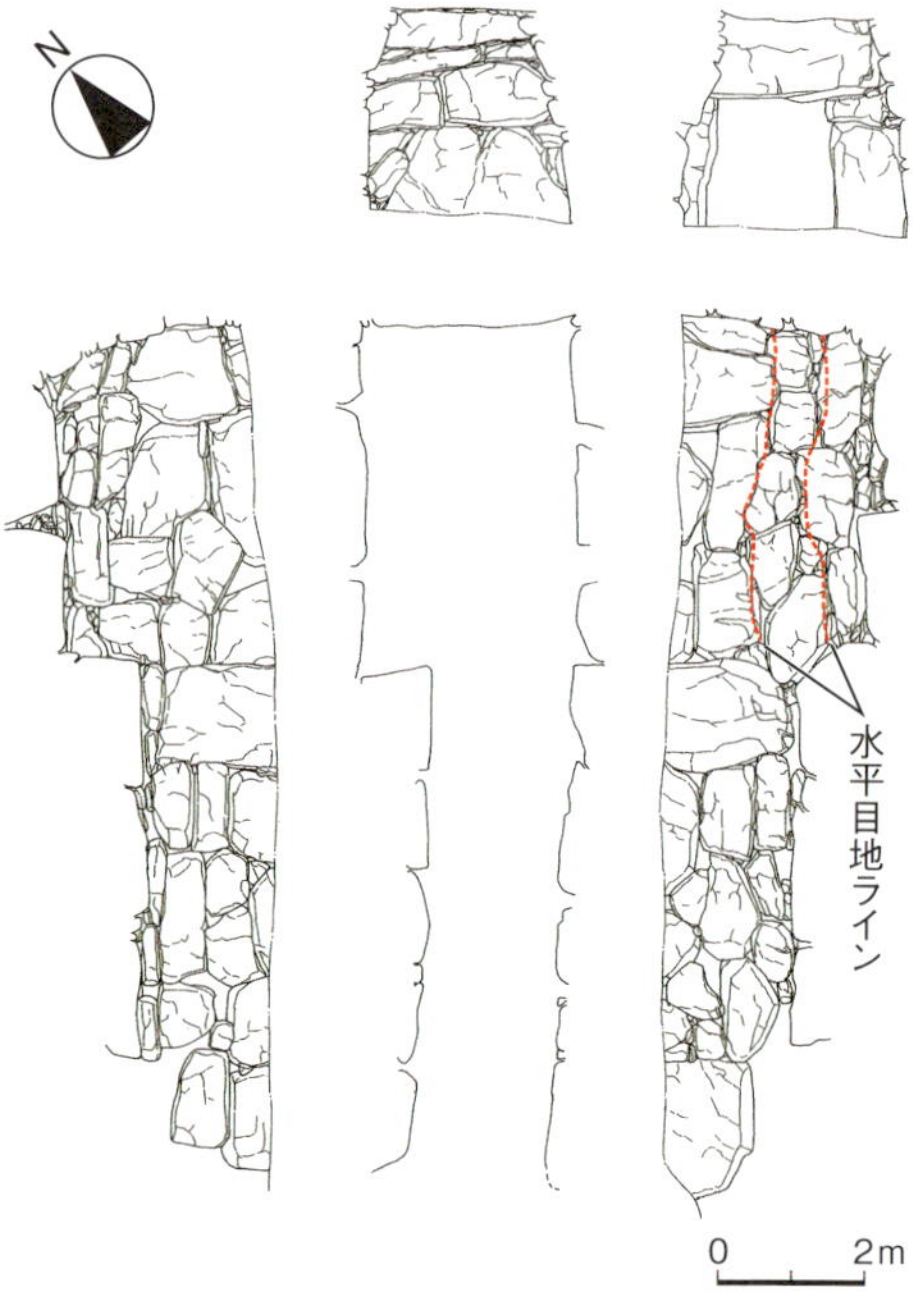

二室構造は中規模の石室を二つ連結した構造で、全国的にも類例がない。

前室は玄室長四・四メートル、玄室幅二・四メートル。玄室平面積一〇・五六平方メートル（畳約七枚分）。後室は玄室長三・八二メートル、玄室幅二・三メートル。玄室平面積八・七八平方メートル（畳約六枚分）。

このような複雑な構造の石室をここまで精緻につくった古墳時代の人びとの技術に驚かされる。また、二室塚古墳は、ウィリアム・ガウランドが、ロマイン・ヒッチコックとともに調査

図22 ● 服部川7号墳の石室
写真は玄室から羨道方向をみたもの。大型で精緻なつくりの石室である。（撮影：阿南辰秀氏）

し、ガラス乾板による石室の写真撮影をおこなった古墳としても著名である（図9参照）。

この古墳からは、河内平野の眺望がすばらしい。ガウランドが招かれた大阪の造幣寮（現在の造幣局）に近い大阪城付近まで見渡せる。二室塚古墳は、二つの石室をもつ大型古墳で、服部川支群の盟主的古墳と考えられる。このような有力な人の墓とみられる古墳は、大変見晴らしのよい場所につくられていることがわかる。

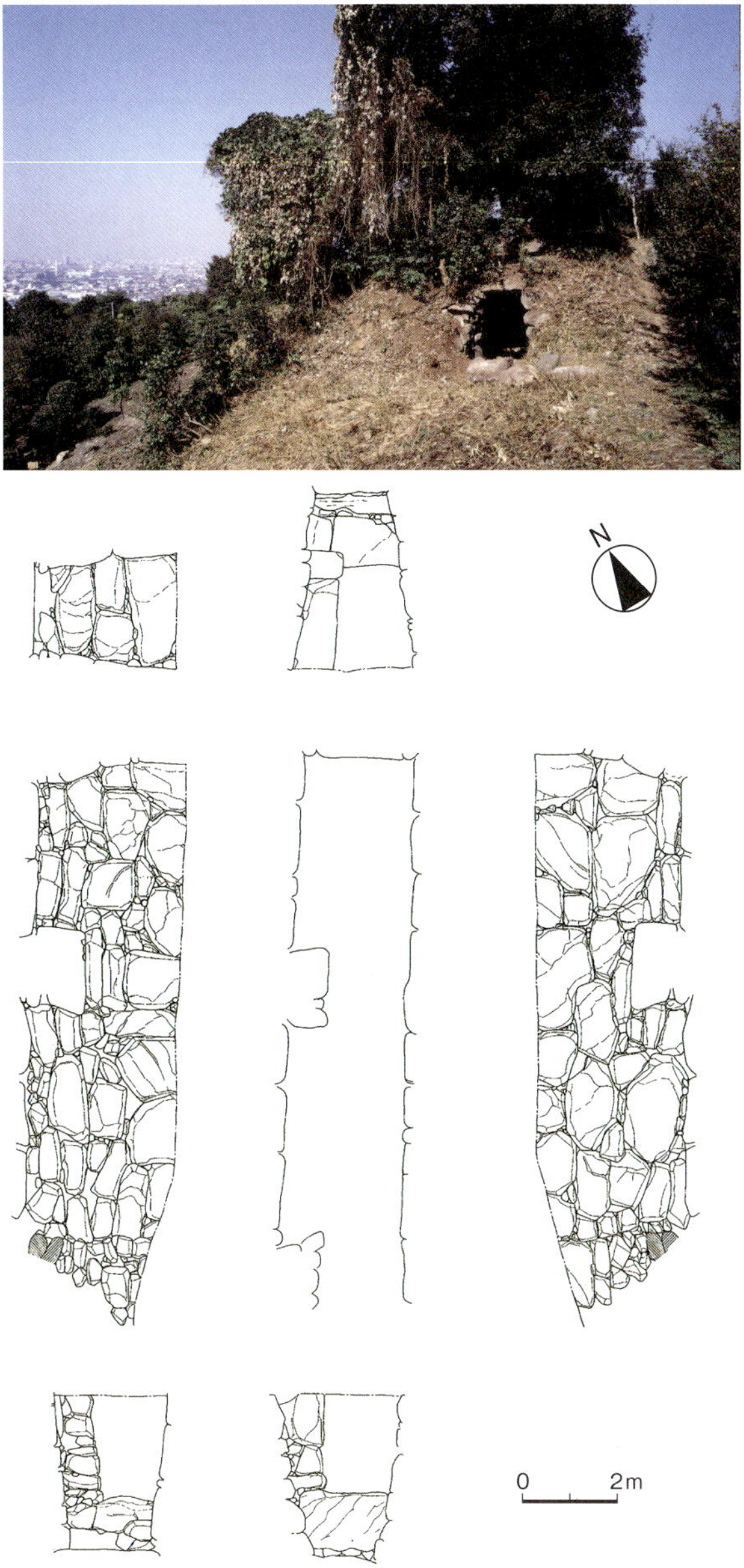

図23 ● 二室塚古墳墳丘（上）**と石室実測図**（下）
写真は南西方向からみたもの。墳丘と石室入り口部の状態がよくわかる。河内平野を望む立地で、左手に大阪の市街地が見える。（石室実測図：花田勝広氏、撮影：阿南辰秀氏）

服部川七八号墳（国史跡）　二室塚古墳から少し戻って、さらに上の里道を登る。この付近には、植木畑の中にたくさん横穴式石室が残されている。このなかの服部川七八号墳（**図24上**）は、径一八メートルの円墳である。内部は右片袖式石室で、玄室面積が約九平方メートル（畳六枚分）の石室である。外から内部を見学できる。北側からは、墳丘の大きさを実感できる。

ここから、里道を北側へ歩いていくと、両側の植木畑や山林の中に多くの古墳があるのがみえる。道が三叉路に分かれる左手にあるのが、服部川三一号墳である。

服部川三一号墳（国史跡）　石室は開口していないが、墳丘付近まで歩いてみることができる（**図24下**）。径一六メートルの円墳で、内部は右片袖式石室である。

服部川四二・四三号墳　三叉路の真ん中の道の右手、道付近から北側に見える古墳が四二号

図24 ● **服部川78号墳**（上）と**服部川31号墳**（下）
78号墳は南西から入り口をみたもの。墳丘の盛り土が流出して天井石が露出している。31号墳は墳丘を北西からみたもの。右奥に羨道の天井石がみえる。（上撮影：牧江良祐氏）

墳で、その北側にあるのが四三号墳である。道から見るだけで、近づいての見学はできない。この付近で注目されるのは、図26右にあるように一八七九年（明治一二）にモースがスケッチした場所と推定されていることである。これは、高安千塚古墳群にかかわる学史について、詳細に研究されている松江信一氏が、モースがスケッチした場所を丹念に探索して発見した。

このスケッチを見ると、明治時代は随分と木が少なく、古墳の連なる様子が見てとれたことがわかる（現況、図56参照）。山並みを背景にマウンド中央に石室が開口している様子が、モース独特のやわらかいながらも的確な筆

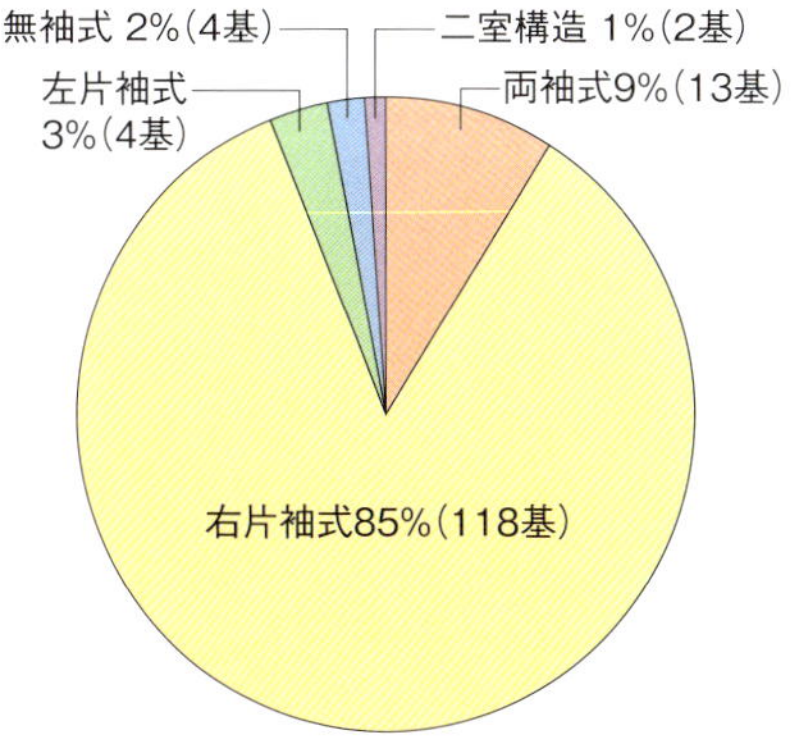

図25 ● 高安千塚古墳群石室の袖式別割合
総数230基のうち、袖式が明らかな141基を対象に比率を出したものである。

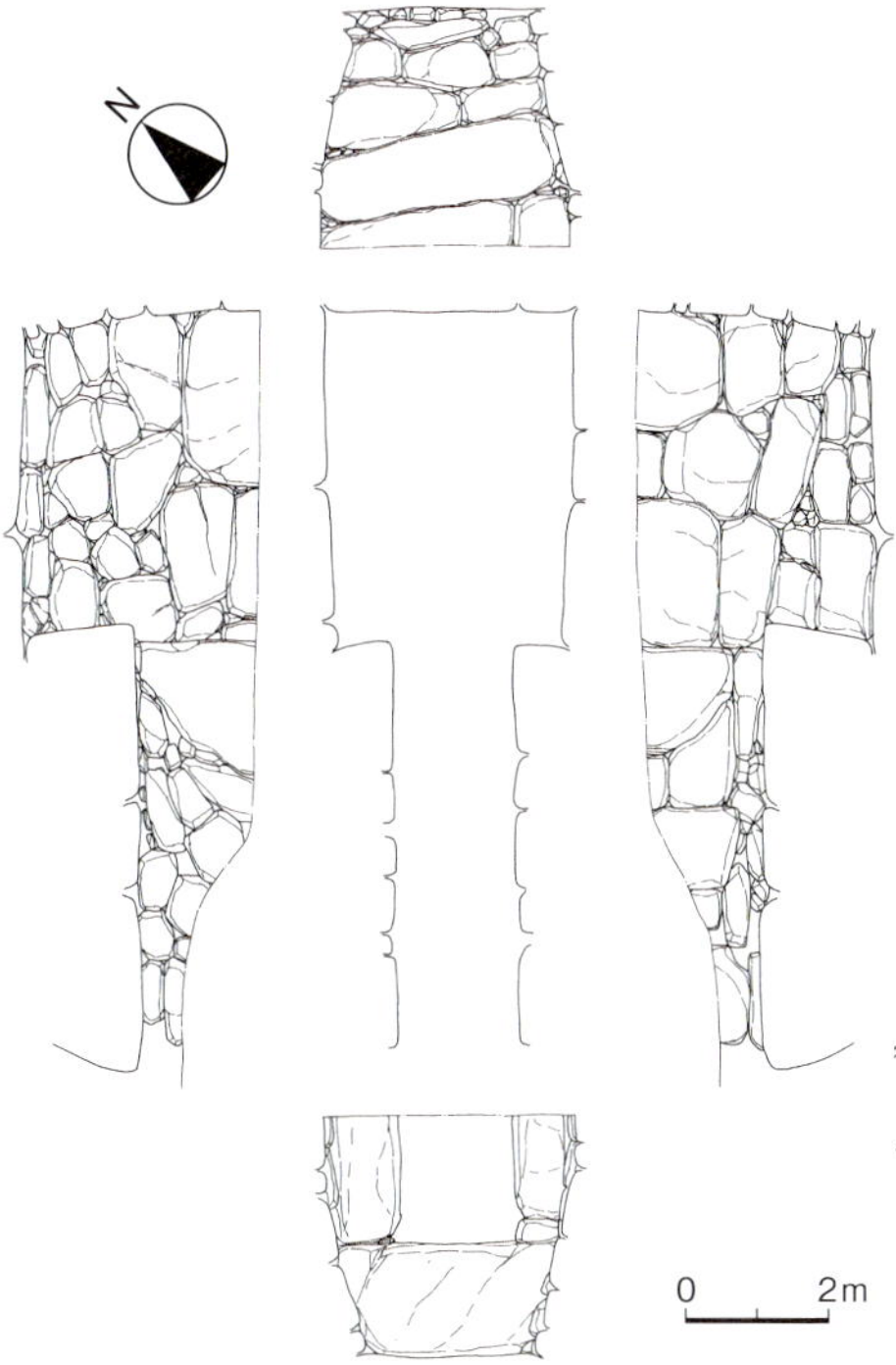

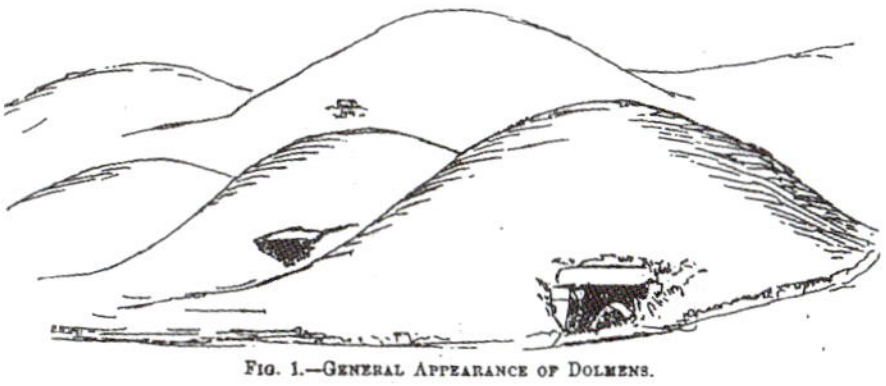

（E・S・モース『日本におけるドルメン』）

図26 ● 服部川43号墳石室（左）**とモースのスケッチ**（右）
右は、モースの論文「ドルメンの外観」として掲載された図。右手前が42号墳で左奥が43号墳か。さらに奥の山裾にも石室が描かれている。（石室実測図：花田勝広氏）

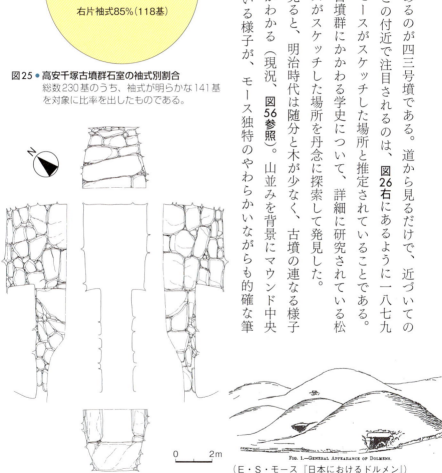

致で描かれている。四二・四三号墳とも両袖式石室である。四三号墳は、径二四・七メートル、石室の玄室長四・五メートル、玄室幅三・四メートル、玄室床面積一五・三平方メートル（畳約一〇枚分）で、高安千塚古墳群中で最大規模の石室である（**図26左**）。

高安千塚古墳群の石室は右片袖式が多く、八割を超えるが、他の群集墳とくらべると、四二・四三号墳のように大型石室には、両袖式が多いことが特徴である。とくに服部川支群で顕著である（**図25**）。

郡川北支群

郡川北支群は服部川支群から松尾谷を経て南に位置し、六基からなる支群である。曹洞宗法蔵寺の境内に開山塚古墳（郡川一号墳）・郡川二・三・三—B・四号墳が残されており、国史跡である。直接、服部川支群から行くルートはない。いったん下に降りて、おお道越えの

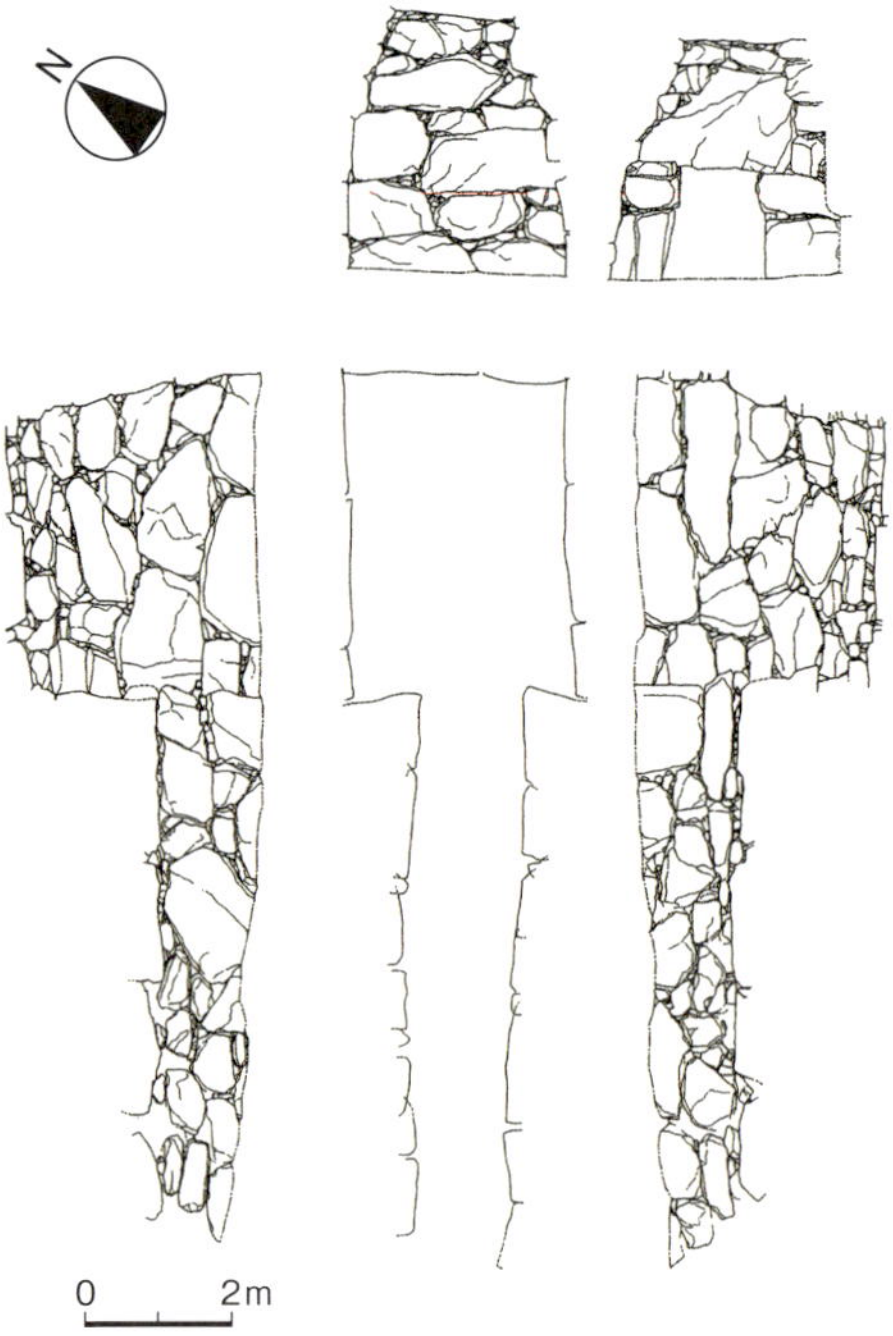

図27 ● 開山塚古墳の石室入り口（左）**と石室実測図**（右）
写真は南西からみた石室入り口。清涼塔へ上がる階段右手に入り口が開口している。

新泉社の考古学図書

〒113-0033　東京都文京区本郷2-5-12
TEL 03-3815-1662　FAX 03-3815-1422
URL https://www.shinsensha.com
「遺跡を学ぶ」通信 https://www.facebook.com/isekiwomanabu/

冒険考古学 ◎13歳からの考古学
失われた世界への時間旅行

堤　隆 著　四六判・248頁・1800円+税

考古ボーイの一三歳・加藤隼人は、ふとしたきっかけから、失われた世界へと旅する手段を知り、縄文時代へタイムトラベル。縄文人と触れ合うことで、考古学の魅力に取りつかれていく姿をイキイキと描いた冒険小説。

開発と考古学
市ヶ尾横穴群・三殿台遺跡・稲荷前古墳群の時代

田中義昭 著　四六判上製・448頁・3800円+税

高度経済成長期の神奈川県横浜市。景観が変貌するほどの開発が進むなか、遺跡を保護し地域の歴史を明らかにしようと奮闘した研究者たちがいた。

シリーズ「遺跡を学ぶ」第2ステージ　好評刊行中！

A5判96頁／オールカラー／各1600円+税〈隔月2冊配本〉

136 サヌカイトに魅せられた旧石器人　二上山北麓遺跡群

佐藤良二 著　奈良・大阪の府県境にある二上山のサヌカイトは近畿一円に運ばれ、二上山文化ともいえる瀬戸内技法は「古本州島」を広く席巻した。

137 沖縄戦の発掘　沖縄陸軍病院南風原壕群

池田榮史 著　「ひめゆり学徒隊」が看護助手として動員され、米軍の砲撃にさらされながら、負傷兵を収容し治療にあたった病院壕の実態を伝える。

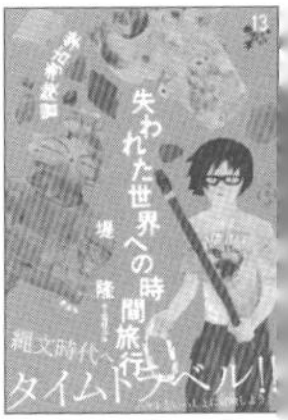

シリーズ「遺跡を学ぶ」第1ステージ〈100巻＋別冊4〉完結！

A5判96頁・オールカラー／各1500円＋税

◆第Ⅰ期【全31冊】

セット函入46500円＋税

01 北辺の海の民 モヨロ貝塚　米村 衛
02 天下布武の城 安土城　木戸雅寿
03 古墳時代の地域社会復元 三ツ寺Ⅰ遺跡　若狭 徹
04 原始集落を掘る 尖石遺跡　勅使河原彰
05 世界をリードした磁器窯 肥前窯　大橋康二
06 五千年におよぶムラ 平出遺跡　小林康男
07 豊饒の海の縄文文化 曽畑貝塚　木﨑康弘
08 未盗掘石室の発見 雪野山古墳　佐々木憲一
09 氷河期を生き抜いた狩人 矢出川遺跡　堤 隆
10 描かれた黄泉の世界 王塚古墳　柳沢一男
11 江戸のミクロコスモス 加賀藩江戸屋敷　追川吉生
12 北の黒曜石の道 白滝遺跡群　木村英明
13 古代祭祀とシルクロードの終着地 沖ノ島　弓場紀知
14 黒潮を渡った黒曜石 見高段間遺跡　池谷信之
15 縄文のイエとムラの風景 御所野遺跡　高田和徳
16 鉄剣銘一一五文字の謎に迫る 埼玉古墳群　高橋一夫
17 石にこめた縄文人の祈り 大湯環状列石　秋元信夫
18 土器製塩の島 喜兵衛島製塩遺跡と古墳　近藤義郎
19 縄文の社会構造をのぞく 姥山貝塚　堀越正行
20 大仏造立の都 紫香楽宮　小笠原好彦
21 律令国家の対蝦夷政策 相馬の製鉄遺跡群　飯村 均
22 筑紫政権からヤマト政権へ 豊前石塚山古墳　長嶺正秀
23 弥生実年代と都市論のゆくえ 池上曽根遺跡　秋山浩三
24 最古の王墓 吉武高木遺跡　常松幹雄
25 石槍革命 八風山遺跡群　須藤隆司
26 大和葛城の大古墳群 馬見古墳群　河上邦彦
27 南九州に栄えた縄文文化 上野原遺跡　新東晃一
28 泉北丘陵に広がる須恵器窯 陶邑遺跡群　中村 浩
29 東北古墳研究の原点 会津大塚山古墳　辻 秀人
30 赤城山麓の三万年前のムラ 下触牛伏遺跡　小菅将夫
別冊1 黒耀石の原産地を探る 鷹山遺跡群　黒耀石体験ミュージアム

◆第Ⅱ期【全20冊】

セット函入30000円＋税

31 日本考古学の原点 大森貝塚　加藤 緑
32 斑鳩に眠る二人の貴公子 藤ノ木古墳　前園実知雄
33 聖なる水の祀りと古代王権 天白磐座遺跡　辰巳和弘
34 吉備の弥生大首長墓 楯築弥生墳丘墓　福本 明

106 南相馬に躍動する古代の郡役所　泉官衙遺跡　藤木　海
107 琵琶湖に眠る縄文文化　粟津湖底遺跡　瀬口眞司
108 北近畿の弥生王墓　大風呂南墳墓　肥後弘幸
109 最後の前方後円墳　龍角寺浅間山古墳　白井久美子
110 諏訪湖底の狩人たち　曽根遺跡　三上徹也
111 日本海を望む「倭の国邑」　妻木晩田遺跡　濵田竜彦
112 平城京を飾った瓦　奈良山瓦窯群　石井清司
113 縄文のタイムカプセル　鳥浜貝塚　田中祐二
114 九州の銅鐸工房　安永田遺跡　藤瀬禎博
115 邪馬台国時代のクニの都　吉野ヶ里遺跡　七田忠昭
116 よみがえる金堂壁画　上淀廃寺　中原　斉
117 船形埴輪と古代の喪葬　宝塚一号墳　穂積裕昌
118 海に生きた弥生人　三浦半島の海蝕洞穴遺跡　中村　勉
119 東アジアに翔る上毛野の首長　綿貫観音山古墳　大塚初重・梅澤重昭
120 国宝土偶「仮面の女神」の復元　中ッ原遺跡　守矢昌文
121 古墳時代の南九州の雄　西都原古墳群　東　憲章
122 石鍋が語る中世　ホゲット石鍋製作遺跡　松尾秀昭
123 出雲王と四隅突出型墳丘墓　西谷墳墓群　渡辺貞幸
124 国宝「火焔型土器」の世界　笹山遺跡　石原正敏
125 徳島の土製仮面と巨大銅鐸のムラ　矢野遺跡　氏家敏之

●第Ⅵ期　好評刊行中！

126 紀国造家の実像をさぐる　岩橋千塚古墳群　丹野拓・米田文孝
127 古代地方木簡のパイオニア　伊場遺跡　鈴木敏則
128 縄文の女性シャーマン　カリンバ遺跡　木村英明・上屋眞一
129 日本海側最大級の縄文貝塚　小竹貝塚　町田賢一
130 邪馬台国時代の東海の王　東之宮古墳　赤塚次郎
131 平安末期の広大な浄土世界　鳥羽離宮跡　鈴木久男
132 戦国・江戸時代を支えた石　小田原の石切と生産遺跡　佐々木健策
133 縄文漆工芸のアトリエ　押出遺跡　水戸部秀樹
134 装飾古墳と海の交流　虎塚古墳・十五郎穴横穴墓群　稲田健一
135 ヤマト王権誕生の礎となったムラ　唐古・鍵遺跡　藤田三郎
136 サヌカイトに魅せられた旧石器人　二上山北麓遺跡群　佐藤良二
137 沖縄戦の発掘　沖縄陸軍病院南風原壕群　池田榮史

文化財保存全国協議会 編
文化財保存 70 年の歴史
明日への文化遺産
ISBN978-4-7877-1707-8

平城宮跡・池上曽根遺跡・伊場遺跡等々、戦後経済発展のもとで、破壊され消滅した遺跡、守り保存された遺跡の貴重な記録。戦後 70 年間に遺跡がたどってきた歴史を検証し、文化遺産のこれからを考える。
A5 判上製／ 392 頁／ 3800 円＋税

勅使河原 彰 著
縄文時代史
ISBN978-4-7877-1605-7

激変する自然環境のなかで、縄文人はどのように自然と折り合いをつけて独自の縄文文化を築き上げたのか。最新の発掘と科学研究の成果をとりいれて、縄文時代のはじまりから終焉までを描く。図版・写真多数収録。
四六判上製／ 336 頁／ 2800 円＋税

井口直司 著
縄文土器ガイドブック
縄文土器の世界
ISBN978-4-7877-1214-1

私たちの心の奥底をゆさぶる縄文土器の造形。しかし、博物館や解説書で「○○式」「△△文」といった暗号のような説明を読むと、熱がさめていく。考古学による土器の見方、縄文時代のとらえ方をじっくり解説。
A5 判／ 200 頁／ 2200 円＋税

三上徹也 著
縄文土偶ガイドブック
縄文土偶の世界
ISBN978-4-7877-1316-2

土偶の姿はあまりにも多様。国宝に指定された素晴らしい土偶があるかと思えば、粗末な作りでバラバラに壊れ破片となったものもたくさんある。縄文人は何のために土偶を作り、どのように用いていたのだろうか。
A5 判／ 212 頁／ 2200 円＋税

小林謙一・工藤雄一郎・国立歴史民俗博物館 編
増補 **縄文はいつから !?**
地球環境の変動と縄文文化
ISBN978-4-7877-1213-4

10 万年に一度の気候大変動のなかで、ヒトは土器を発明し、弓矢をもち、定住をはじめた。縄文時代の幕があがる。今につづく生活様式の基盤、縄文文化のはじまりを問う、歴博で行われたシンポジウムを書籍化。
A5 判／ 260 頁／ 2400 円＋税

工藤雄一郎 著
旧石器・縄文時代の環境文化史
高精度放射性炭素年代測定と考古学
ISBN978-4-7877-1203-5

最終氷期から後氷期にかけて、旧石器時代人、縄文時代人はどのように生きてきたのか。最新の放射性炭素年代測定の成果を通じ、その変化を読み解く。列島各地の縄文土器の年代測定値などデータを豊富に収録。
B5 判上製／ 376 頁／ 9000 円＋税

工藤雄一郎・国立歴史民俗博物館 編
ここまでわかった！
縄文人の植物利用
ISBN978-4-7877-1317-9

マメ類を栽培し、クリやウルシ林を育てる…狩猟採集生活をおくっていたとされる縄文人が、想像以上に植物の生育環境に積極的に働きかけ、貴重な資源を管理していたことがわかってきた。カラー写真・図版で解説。
A5 判／ 228 頁／ 2500 円＋税

工藤雄一郎・国立歴史民俗博物館 編
さらにわかった！
縄文人の植物利用
ISBN978-4-7877-1702-3

好評「縄文人の植物利用」第 2 弾。鳥浜貝塚の縄文時代草創期～前期の資料の調査からわかってきた植物利用の初源の姿を紹介し、東名遺跡などで大量に出土した「カゴ」から、縄文人のカゴ作りを解明する。
A5 判／ 216 頁／ 2500 円＋税

辰巳和弘 著
他界へ翔る船
「黄泉の国」の考古学
ISBN978-4-7877-1102-1

船形をした木棺や埴輪、墓室に描かれた船画、円筒埴輪に刻まれた船……船は霊魂を黄泉の国へといざなう。人々は魂の行方をどこに求めたのか。考古学が傍観してきた「こころ」を探り、古代人の他界観を追究する。
A5 判上製／ 352 頁／ 3500 円＋税

辰巳和弘 著
古代をみる眼
考古学が語る日本文化の深層
ISBN 978-4-7877-1416-9

「古墳、水辺、坂（峠）、巨樹、山嶺など、列島の先人たちが他界との接点、あるいは境界領域をいかに捉え、いかに働きかけたかを思考する試みです。古代的心意の探求におつきあいください。」（まえがきより）
A5 判／ 240 頁／ 2000 円＋税

道を登らなくてはならない。少しハードなので、別の日に二回に分けて見学するのも方法だ。ここで見学できるのは開山塚《かいざんづか》古墳のみである。

開山塚古墳（国史跡）　見学は法蔵寺に声をかけてから入る。径三〇メートル前後の円墳である（**図27・28**）。羨道が八メートルもあり長く暗いので、必ず懐中電灯を持参して頭上に充分注意してほしい。玄室は、正方形に近いプランで五段積みである。玄室長四・六七メートル、玄室幅三・三七メートル、玄室床面積は一五・七四平方メートル（畳一〇枚分）である。六世紀第3四半期頃

図28 ● 開山塚古墳の石室
玄室から羨道方向をみたもの。両袖式で袖石は2段積み。玄室の側壁は5段積みの比較的古いタイプの石室。大型で精緻なつくりである。（撮影：阿南辰秀氏）

につくられた高安千塚古墳群中で最大規模の両袖式石室である。開山塚古墳の上からは、河内平野を一望でき、その立地は古墳群中最大規模の石室にふさわしいものである。

また、この古墳は一八七九年（明治一二）にモースが調査し、左側壁の立面図と石室全体の断面図を作成したことでも著名である（**図8参照**）。

開山塚古墳の上は、法蔵寺を開いた好山和尚の廟塔の清涼塔がある。この東側背面の石垣の円丘が郡川四号墳であり、六世紀後葉頃の横穴式石室墳で袖式は不明である。

開山塚古墳の北西下の竹藪には郡川二・三号墳があり、八尾市教育委員会による遺構確認の発掘調査がおこなわれている。二号墳は片袖式、三号墳は両袖式で、いずれも六世紀後葉頃につくられた中規模の石室である。三号墳の墳丘には付設する無袖式石室が発掘調査で確認されており、七世紀前半頃につくられたものである。

法蔵寺境内の古墳は、開山塚古墳（郡川一号墳・六世紀第3四半期頃）→三・二・四号墳（六世紀後葉頃）→三—B号墳（七世紀前半頃）の順につくられたと考えられる。これらは、先に紹介した大窪・山畑支群の大窪・山畑六・七・八号墳と同様に、一つの集団が代々にわたってつくったものと考えられる。

郡川南支群

つぎに郡川南支群を見てみよう。郡川北支群の南、南谷と荒川に挟まれた尾根上に、三七基の古墳が確認されている。郡川一六号墳や交互二室塚古墳（郡川一一号墳）など重要な古墳があるが、この支群はまだ国の史跡に指定されていない。唯一、見学できるのは日蓮宗本照寺境内にある郡川三〇号墳である（図29）。

本照寺は、法蔵寺から近鉄線のある下の道まで下り、近鉄信貴線を越えて、少し坂道を登ったところにある。元は大阪市谷町にあった寺で、一九六八年に黒谷六丁目の現在地に移転した。元禄期に女形芸を大成した芳沢あやめを継ぐ二代目、三代目、五代目の墓をはじめとする歌舞伎役者の墓石がある。

古墳は現在、妙道庵としてお祀りされているので、本照寺に声をかけてから見学する。両袖式石室で正方形に近い平面プランの玄室が特徴である。

このほかに、民有地内で見学はできないが、重要な古墳として郡川一六号墳がある（図30）。六世

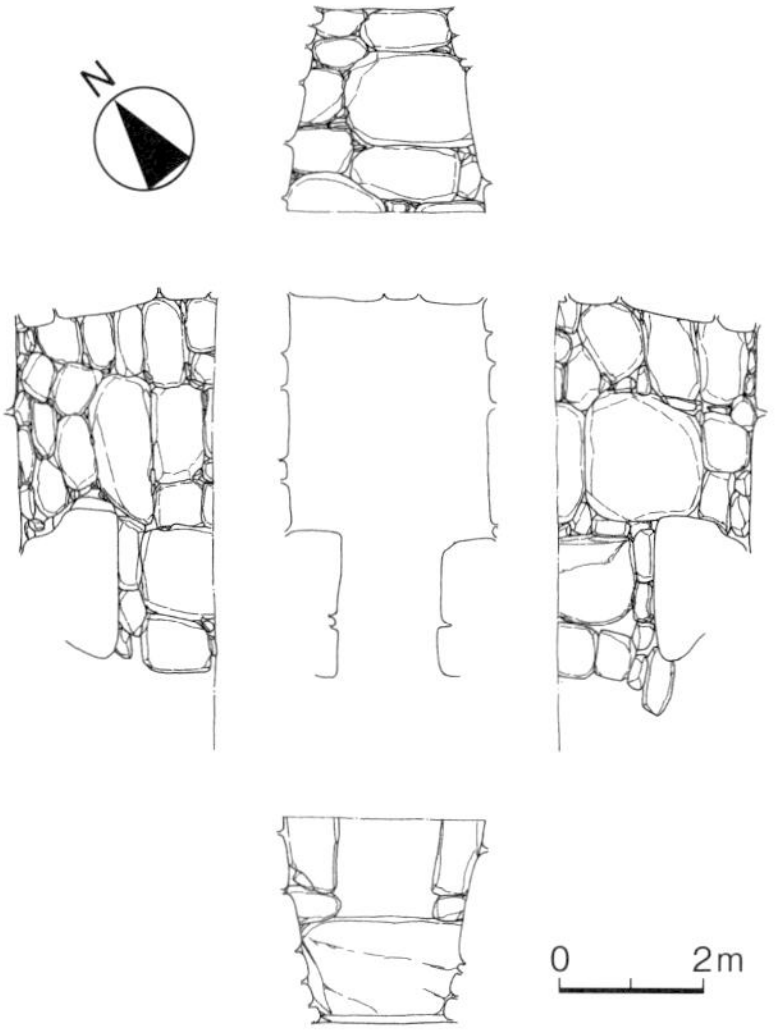

図29 ● 郡川30号墳石室実測図
両袖式で袖石は立石の上に1石を置く。玄室の側壁は5段積みである。（石室実測図：花田勝広氏）

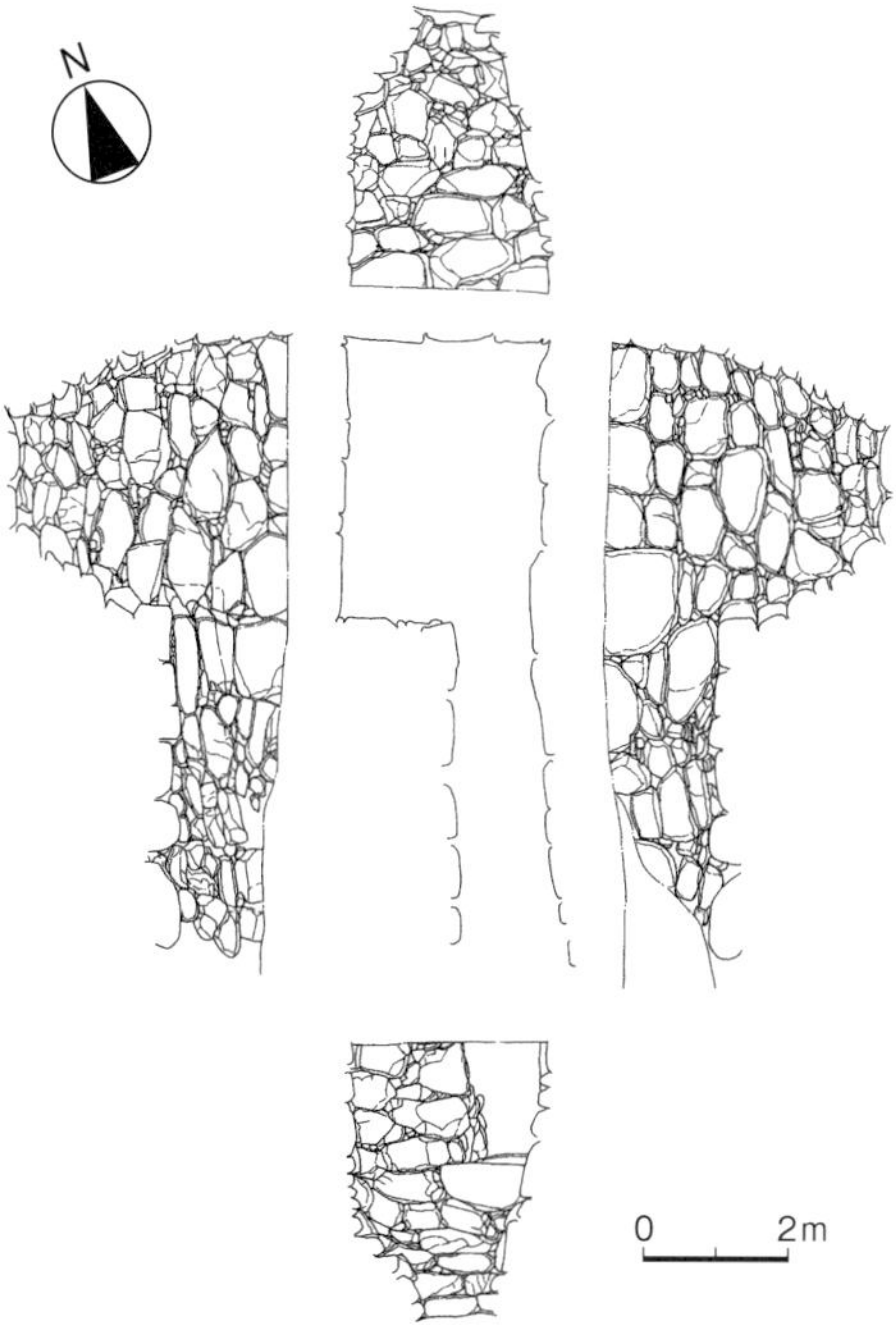

図30 ● 郡川16号墳石室実測図
玄室側壁は大きめの1段目石材の上に、徐々に小ぶりの石材を8段程度積み上げている。（石室実測図：花田勝広氏・原田修1987原図に加筆）

紀前葉頃につくられた高安千塚古墳群の造墓開始期の石室の一つである。一九六六年度に大阪府教育委員会によって実測調査がおこなわれた。穹窿《きゅうりゅう》状（ドーム状）天井を有する畿内型B類といわれる正方形に近い玄室平面プランの石室である。石室内からは六世紀前葉頃の須恵器とともに、韓式系軟質土器の平底鉢や、土師器のミニチュア炊飯具セット、耳環、木棺に使用された鉄釘などが出土している（図34・37）。

また、交互二室塚古墳も、民有地であり見学できないので、石室実測図で説明しよう（図31）。これは服部川の二室塚古墳が右片袖式の石室を二つ連結した構造であるのに対し、右片袖式の石室を後室とし、左片袖式の石室を前室として、交互に連結した構造である。服部川の二室塚古墳と同様に全国的にも類例のない構造の石室である。

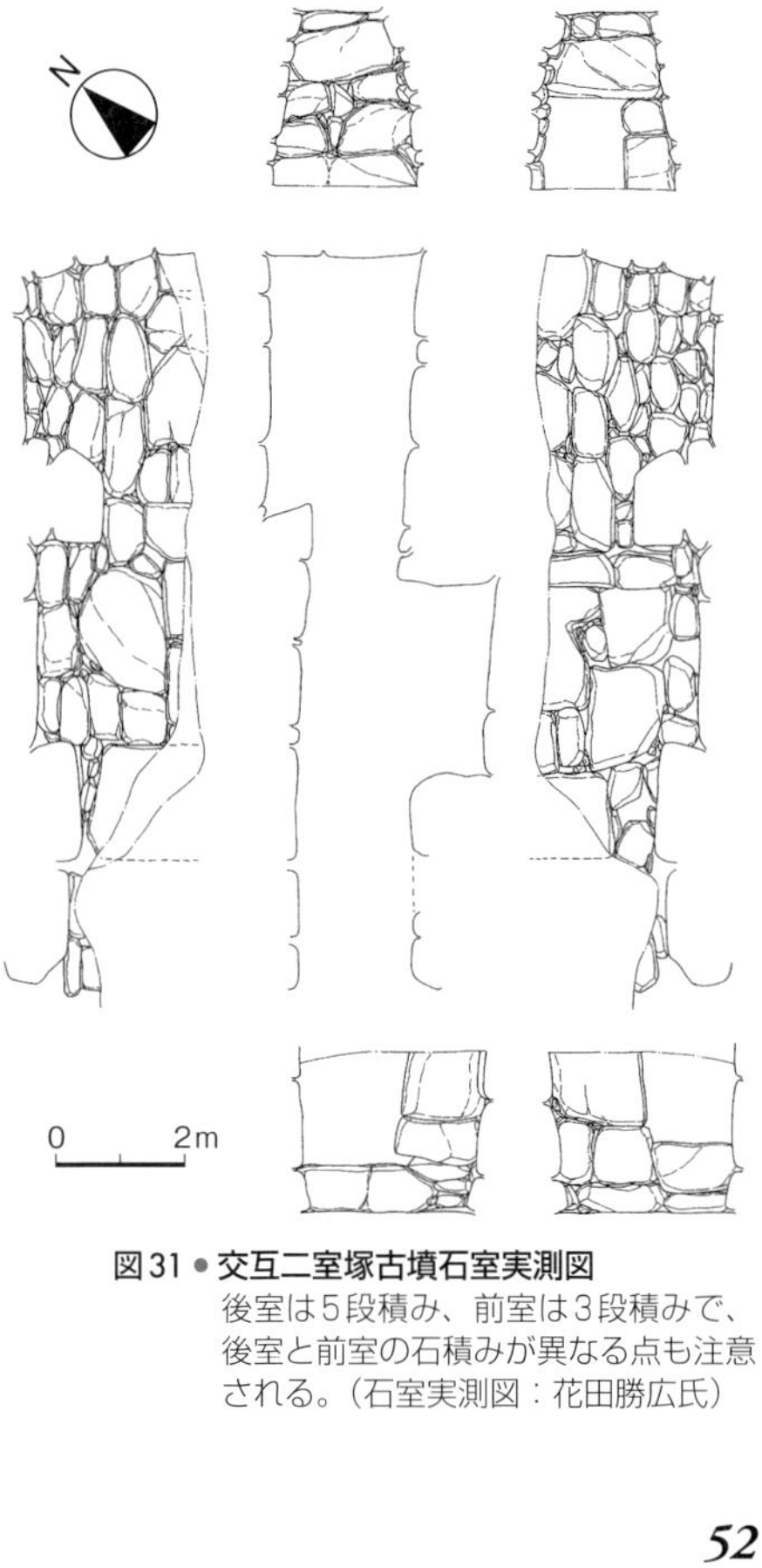

図31 ● 交互二室塚古墳石室実測図
後室は5段積み、前室は3段積みで、後室と前室の石積みが異なる点も注意される。（石室実測図：花田勝広氏）

2　石室からわかること

石室の編年と型式

高安千塚古墳群では、発掘調査はほとんどおこなわれていない。全国の国史跡の多くが発掘調査成果に基づき史跡指定されるなかで、高安千塚古墳群は史跡指定のための発掘調査をおこなわずに国史跡となったまれな例である。第2章で述べたように、高安千塚古墳群は詳細分布調査、古墳群の測量といった基礎調査、そして先学の貴重な研究成果が、史跡指定の基礎資料となった。なかでも花田勝広氏による石室の実測調査成果は重要な資料となった。

この石室実測図にもとづく花田氏の石室編年研究は、高安千塚古墳群の研究をつぎのステージに押し上げるものとなった。なかでも重要なのは、高安千塚古墳群の石室系統に森下浩行氏が提唱した畿内型A類と畿内型B類の両系統があることを明らかにしたことである。畿内型A類とは玄室平面プランが長方形で、平天井となるもので、畿内型B類とは玄室平面プランが正方形で、穹窿状天井となるものである。

国史跡指定のための基礎調査総括報告書では、花田氏の研究に導かれてさらに詳細に石室編年を検討した。この結果、高安千塚古墳群では、この畿内型A類と畿内型B類の両系統が大窪・山畑支群、服部川支群、郡川支群の各支群にあり、時代が新しくなるにつれ、両系統の違いはあいまいになるものの、六世紀代を通じて連綿と継続することが明らかになった（図32）。これは注意されることと考えられる。なぜなら、石室形態の畿内型A類と畿内型B類の系統の

◀図32 ● 高安千塚古墳群の石室編年
石室編年における石材の積み方や袖石などの編年基準は太田宏明氏の研究を参考にし、高安千塚古墳群独自でⅠ～Ⅵの段階を考えた。

第３期　６世紀後葉～末頃		第４期　７世紀前半頃
６世紀第４四半期頃（TK43）	６世紀末頃（TK209）	７世紀前半頃（TK209～TK217）
Ⅳ	Ⅴ	Ⅵ
石材の大形化、石積みの規格化が進む。石積みの段数が少なくなり、天井は平天井で広い。※玄室４～５段積み	石材の大形化、石積みの規格化が完成する。※玄室３～４段積み	無袖式石室のみとなる。※Ａ類・Ｂ類系統なし
大窪・山畑10号墳 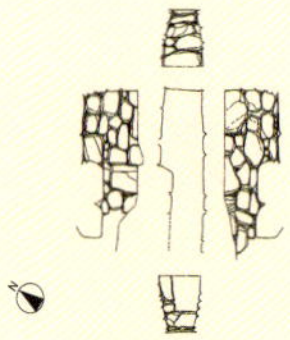	大窪・山畑25号墳 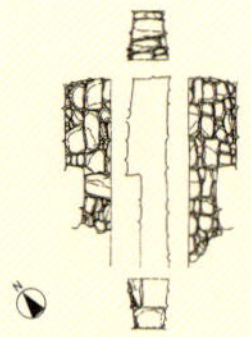	大窪・山畑5号墳 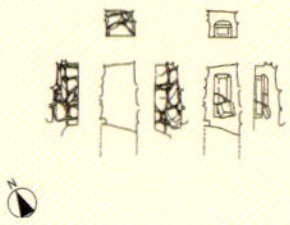
大窪・山畑36号墳 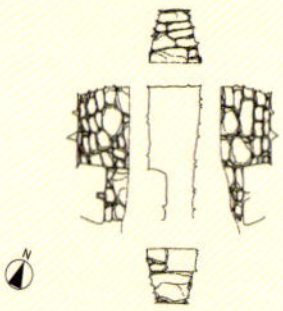		
服部川48号墳 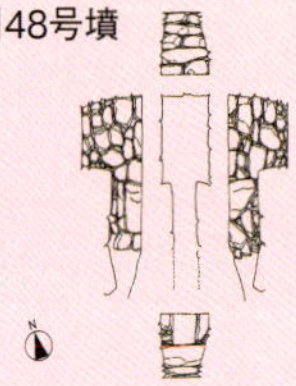	服部川3号墳 	
服部川2号墳 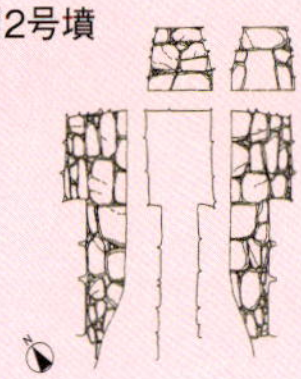	服部川43号墳 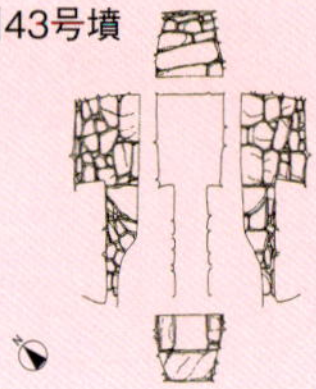	
郡川36号墳 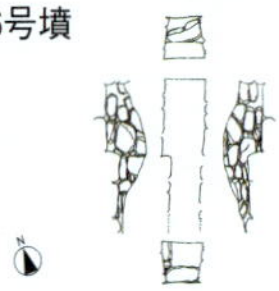		郡川3-B号墳 
郡川3号墳 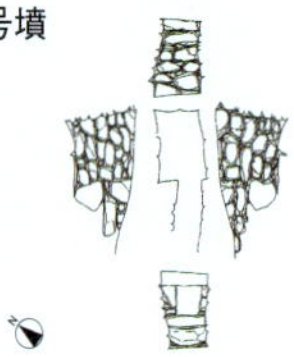	郡川18号墳 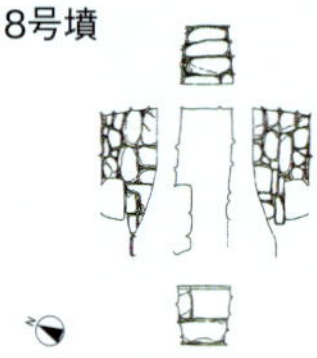	

0　20m

群形成段階		第１期　６世紀前葉～中葉頃		第２期　６世紀第３四半期頃
時期（須恵器型式）		６世紀前葉頃（MT15）	６世紀中葉頃（TK10 古）	６世紀第３四半期頃（TK10 新）
石室型式段階案		Ⅰ	Ⅱ	Ⅲ
特徴		長方形プランで小形石材を積み平天井の玄室を有する畿内型Ａ類と、正方形プランでドーム状天井を有する畿内型Ｂ類がある。※玄室７～８段積み	Ａ類は天井石が大形化し、玄室の石積み段数は少なくなる。Ｂ類はドーム状天井の天井部が広くなり、ドームの度合いが弱くなる。また玄室の石積みの段数が少なくなる。※玄室５～７段積み	石材の大形化、天井の平天井化が進み、石積みの段数が少なくなる。※玄室５段積み前後
大窪・山畑支群	畿内型Ａ類系統	大窪・山畑６号墳 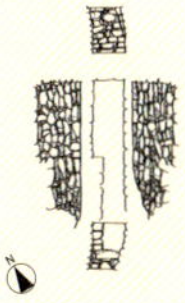	大窪・山畑8号墳 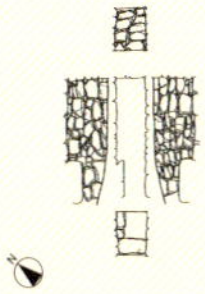	大窪・山畑2号墳 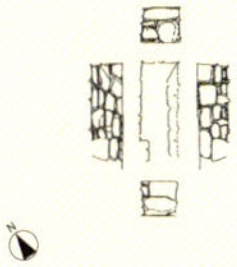
	畿内型Ｂ類系統		大窪・山畑21号墳 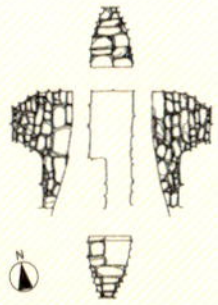 大窪・山畑22号墳 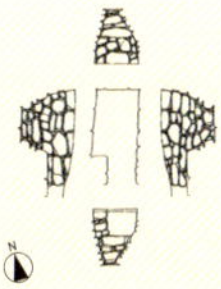	
服部川支群	畿内型Ａ類系統		服部川73号墳 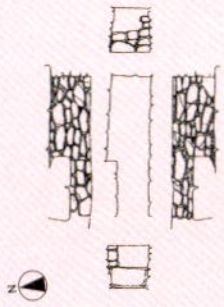	服部川1号墳 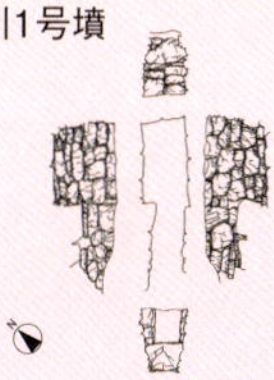
	畿内型Ｂ類系統		服部川19号墳 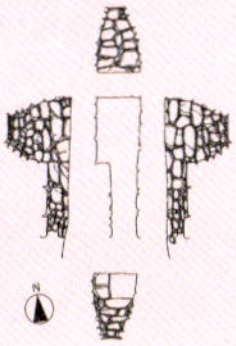 服部川20号墳 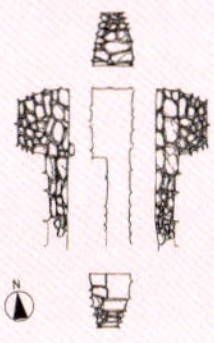	服部川42号墳 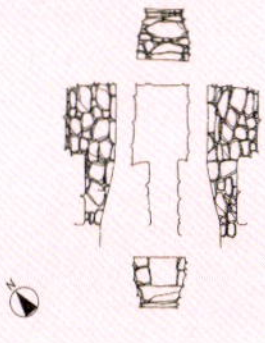
郡川支群	畿内型Ａ類系統			郡川12号墳 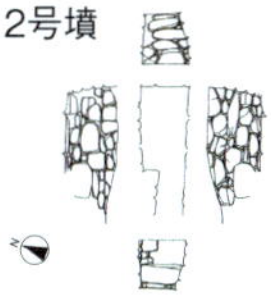
	畿内型Ｂ類系統	郡川16号墳 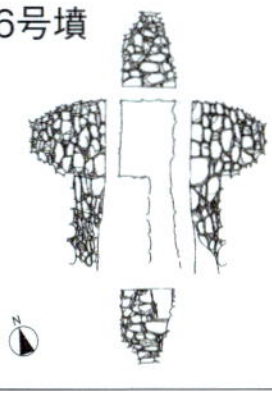		郡川1号墳（開山塚古墳） 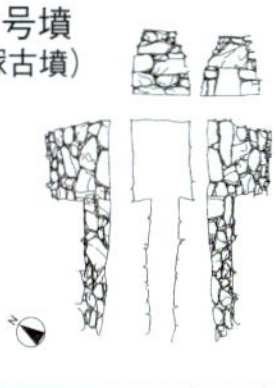

違いは、これをつくった集団の違いを示すものではないかと推定されるからである。つまり高安千塚古墳群という、いわば一つの墓所内にあって、系統の異なる人びとが、それぞれの墓のかたちを伝統的に守りつづけていたのではないかと考えられるのである。これについては、第4章で考えてみたい。

石室の大きさ

高安千塚古墳群の石室の大きな特徴は、大型石室を多く含むことである。これは、他地域の群集墳とくらべても突出している。とくに、六世紀後半頃の服部川支群の両袖式石室に大型のものが多い。この時代にもっとも大きな横穴式石室がつくられた大和（奈良県）の六世紀後半の石室とくらべてみよう（図33）。

奈良県では平群町の烏土塚《うどづか》古墳（全長六〇・五メートルの前方後円墳）や斑鳩町の藤ノ木古墳（直径四八メートルの円墳）をはじめとする大型石室がつくられている。これらの古墳の石室は両袖式石室で、玄室規模は一六〜二〇平方メートル（畳一〇〜一三枚分）前後で、当時の

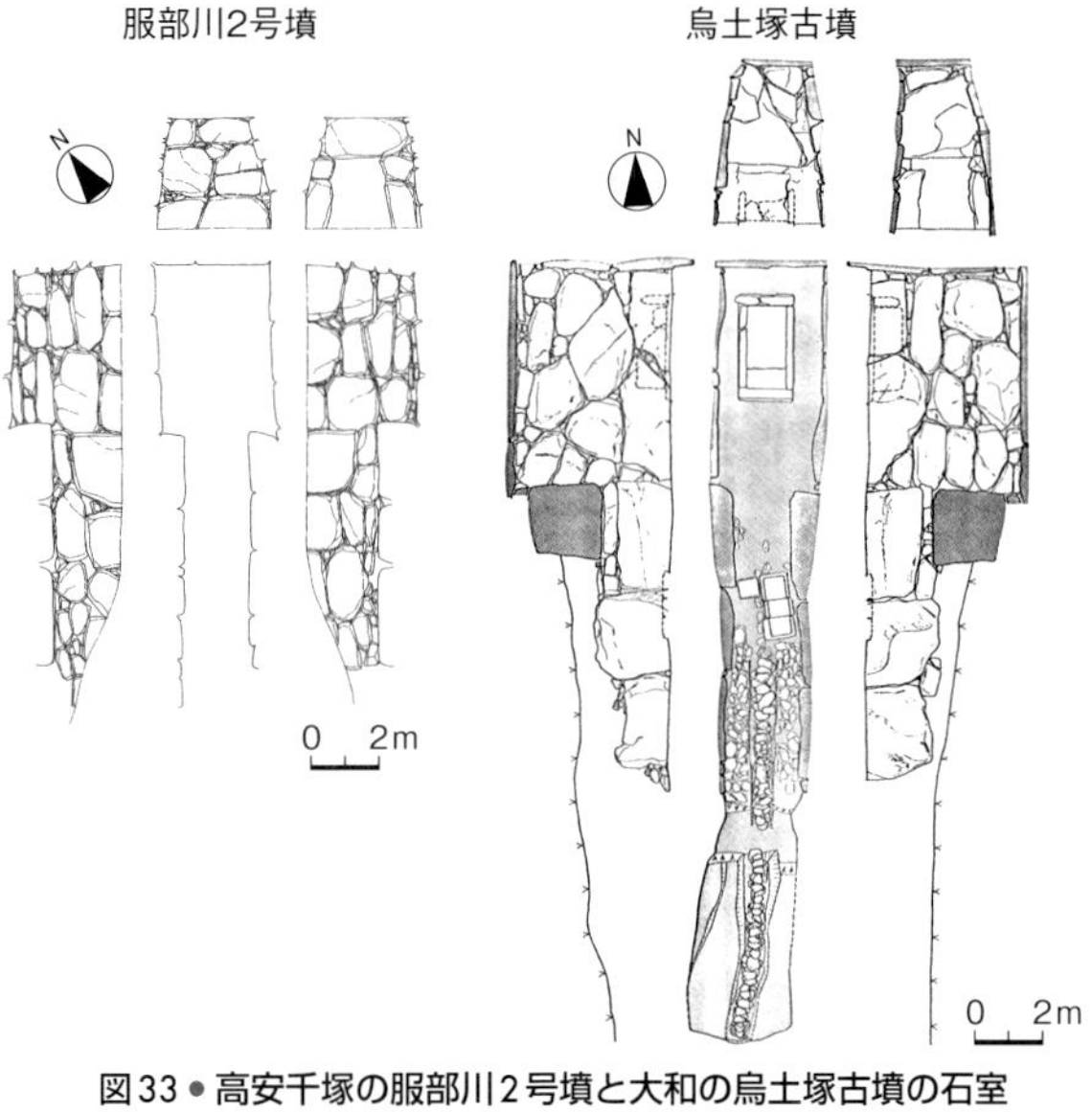

図33 ● 高安千塚の服部川2号墳と大和の烏土塚古墳の石室
服部川2号墳の石室は玄室長4.6 m、玄室幅3.2 m、玄室面積14.72 m²（畳9〜10枚分）、烏土塚古墳の石室は玄室長6 m、玄室幅2.8 m、玄室面積16.8 m²（畳11枚分）である。（服部川2号墳石室実測図：花田勝広氏）

政権のトップにいた大王や有力豪族クラスの人びとの墓と考えられ、六〇メートルクラスの前方後円墳や径四〇メートルを超える独立墳の大型円墳である。高安千塚古墳群のもっとも大きな石室の玄室規模は、一四・七〜一五・七平方メートル（畳九〜一〇枚分）前後であり、墳丘規模は直径約二〇〜三〇メートルの円墳である。

高安千塚古墳群の石室は、白石太一郎氏が指摘するように群集墳内の小・中規模の円墳でありながら、当時の政権のトップクラスの墓である大和の石室に準じる規模をもっている。とくに、大和の大型石室は玄室長の長いものが多いが、高安千塚古墳群の石室は、玄室幅の広いことが特徴である（**図49参照**）。玄室幅を広くするためには、天井石に大形石材を入手しなければならないが、高安千塚古墳群では、幅二・五〜三・五メートル前後の超大形石材が使用されている。このことは、古墳群に葬られた人びとが、大形石材を運ぶための莫大な労働力を集めることができる大きな力をもっていたことを示すものと考えられる。そして、大形石材が入手できる、生駒山麓の谷川にはさまれたテラス状にゆるやかに広がる地形という石室をつくるのに適した場所を墓所としている点も注目される。また、墳形は円墳で埋葬施設は横穴式石室と共通していながら、その石室の大きさは、古墳群内の同じ時期の石室においても格差があり、大型石室は両袖式に多い。

石室のつくり

さらに、高安千塚古墳群の石室は大型石室を中心に、精緻なつくりのものが多い。群の盛行期の六世紀後半の服部川七号墳の石室をみてみよう（図22）。片袖式では、高安千塚古墳群で最大の石室である。よくみると水平に目地が通り、しかも石室の壁面が凹凸がなくそろってい て、巧みに石材を組み合わせて積んでいることがわかる。現代のように測量機械やパソコンがない時代に、どのようにして設計したのだろうか。また、石材は近辺の谷川や付近の地山の石材を使用しているとみられるが、重機などのない時代にどのようにして施工したのだろうか。現代人が見ても驚くような設計・施工の技術である。これまでの研究から、おそらくは木製の修羅《しゅら》とよばれる木ぞりで、生駒山地の谷川から石材を運んだものと考えられ、石室をつくるための熟練した技術をもつ専門集団がいたのではないかと推定される。

一瀬和夫氏は、服部川支群内に古墳のみられない尾根があることに注目され、資材調達や作業キャンプなどの場として、「ブランクゾーン」と称している。また高安千塚古墳群の石室の構築技術を詳細に分析し、その石材架構法などが、他地域に影響を与えたことを指摘している。

他の群集墳などとくらべても、高安千塚古墳群の石室は精緻なつくりのものが多い。規模だけではなく構造も、大和の大型石室に準ずる石室が多くあることが特徴である。

3　遺物からわかること

副葬品の特徴

先にも述べたように高安千塚古墳群では、ほとんど発掘調査がおこなわれていないため、一部の発掘調査出土品や採集資料から副葬品をみていこう。その特徴は、造墓開始期の六世紀前葉頃には渡来系要素がみられるが、盛行期の六世紀後半には、武器、馬具、耳環《じかん》（耳飾り）といった装身具など、この時期の古墳からの出土品として一般的なものになることである。このことは第4章でくわしく述べるが、高安千塚古墳群の被葬者集団、すなわち葬られた人びとには当初、渡来系集団も含まれていたため渡来系要素があったが、しだいに在地化しその性格

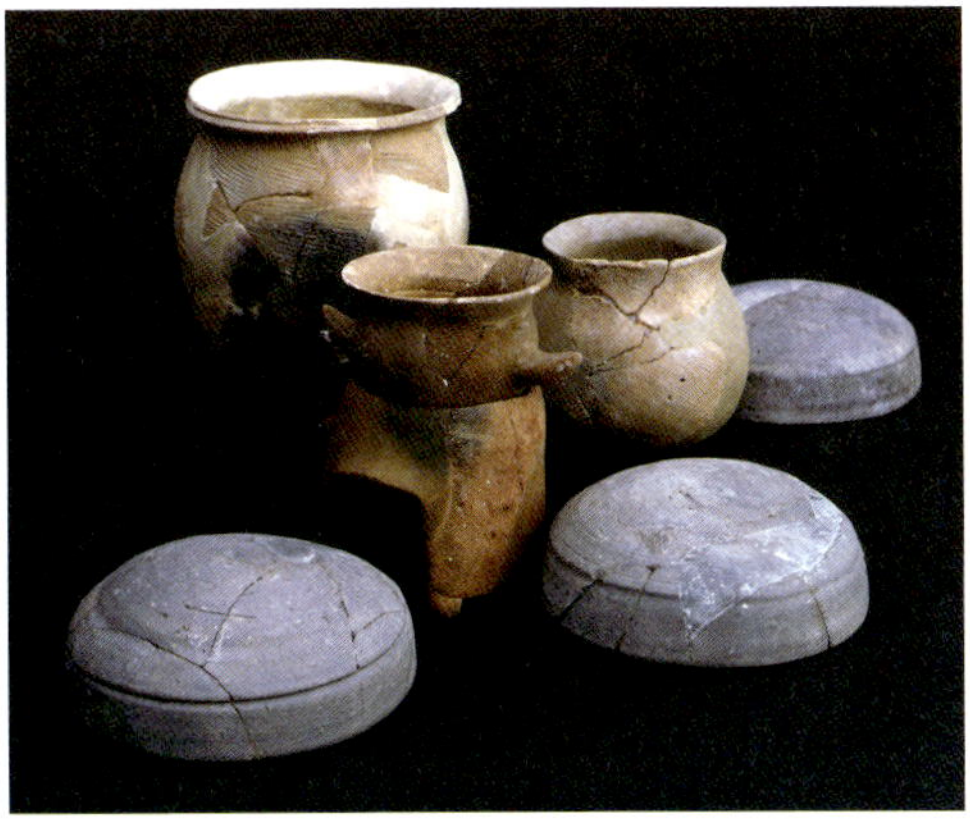

図34 ● 郡川16号墳出土韓式系土器とミニチュア炊飯具
左奥が韓式系軟質土器の平底鉢、その前が土師器のミニチュア炊飯具の鍋と竈（かまど）。
（撮影：阿南辰秀氏）

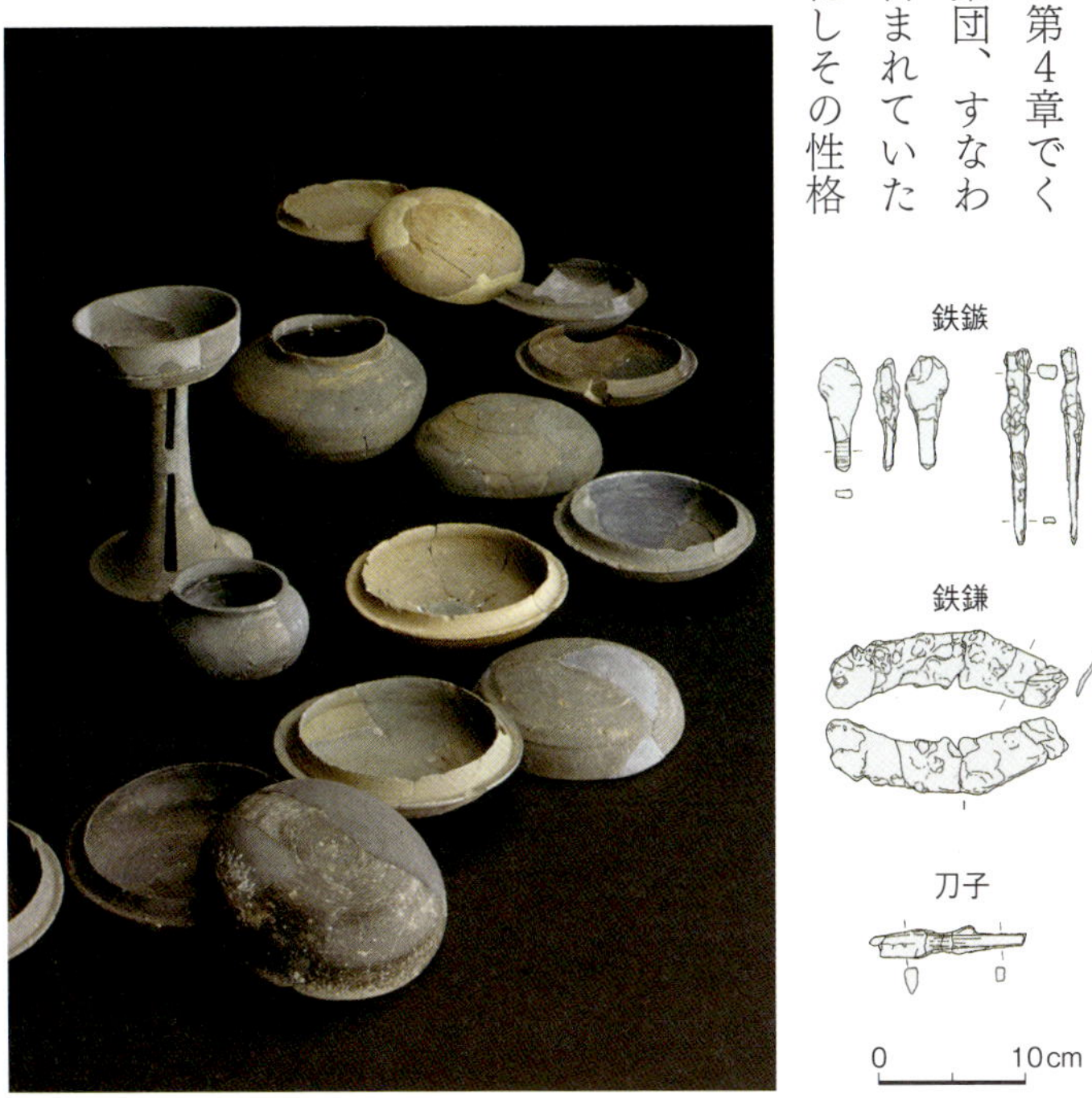

図35 ● 大窪・山畑29号墳出土土器（左）**と鉄製武器・鉄鎌・刀子**（右）
高安千塚古墳群内で数少ない発掘調査された古墳で、まとまった副葬品が確認された。（撮影：阿南辰秀氏）

が変化するにしたがい、副葬品に渡来系要素がみられなくなったことを示すものと考えられる。

土器　古墳群をつくりはじめる六世紀前葉頃、穹窿状天井の石室をもつ畿内型B類の郡川一六号墳からは、この時期の須恵器とともに、韓式系軟質土器の平底鉢や、土師器のミニチュア炊飯具の鍋とカマドが出土している（**図34**）。

平底鉢は高さ一五センチで、体部外面に平行タタキ、内面に同心円状の当て具痕がみられる。朝鮮半島で製作されたものとよく似ており、百済系ではないかと考えられている。ミニチュア炊飯具セットの鍋は、高さ六センチで、両側に把手がつく。同カマドは、高さ八センチである。両者とも角閃石を含む地元の生駒山地西麓産の胎土である。ミニチュア炊飯具セットは、滋賀県の志賀古墳群や大阪府の一須賀古墳群、平尾山古墳群など、渡来系氏族との関係が推定される群集墳で多く出土している。

武器・馬具など　高安千塚古墳群の造墓が盛んになる六世紀後半の時期には、発掘調査がおこなわれた大窪・山畑二九号墳から、須恵器とともに鉄鏃や刀子、鉄鎌が出土している（**図35**）。馬具では、採集資料であるが、土手山《どてやま》古墳（大窪・山畑四八号墳）から、鉄地

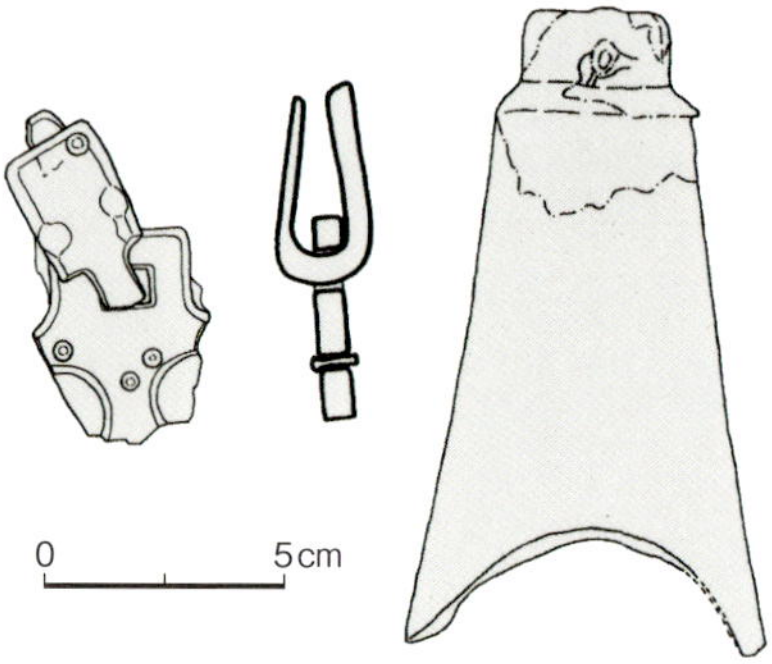

図36 ● 馬具
左：土手山古墳出土杏葉。
右：1908年（明治41）服部川出土馬鐸。

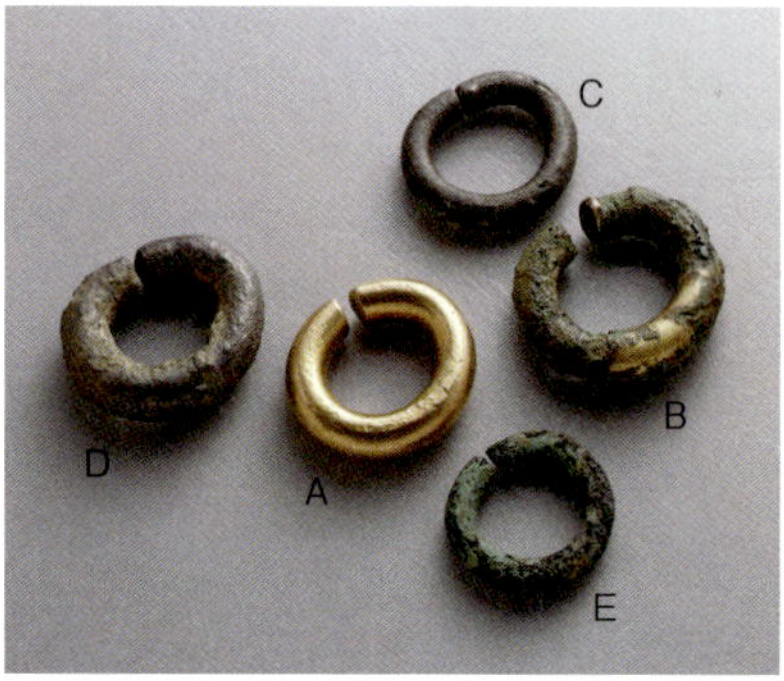

図37 ● 装身具（耳環）
A：服部川37号墳、B・C：森田山古墳、D：郡川16号墳、E：服部川132号墳。（撮影：阿南辰秀氏）

金銅張杏葉が出土している（**図36左**）。また、一九〇八年（明治四一）に服部川から出土した馬鐸がある（**図36右**）。

装身具　耳環と首飾りに使われた可能性のある玉類がある。耳環は、大阪府教育委員会による一九六六年度の調査で服部川三七号墳から出土した銅芯金板貼製のものや、郡川一六号墳から出土した銅芯銀板貼鍍金製のもの、森田山古墳（服部川一三四号墳）から出土した銅芯金板貼、銀板貼製などがある（**図37**）。また玉類は、うし塚古墳（大窪・山畑五〇号墳）から一九一〇年（明治四三）に出土した水晶製切子玉や瑪瑙《めのう》製の平玉、碧玉《へきぎょく》製の管玉がある。

大阪城天守閣所蔵の器台

さて、ここで高安千塚古墳群の出土品から生まれた、とてもかわいらしいものを紹介しておこう。高安千塚古墳群は学術上、大変有名だが、一般の方々にはほとんど知られていなかったことから、多くの方々に親しんでいただくために八尾市教育委員会がつくった「たかやすせんづかマスコット　はしづか君」である（**図38左上**）。モデルは、大窪・山畑支群の長者の箸塚古墳（大窪・山畑四九号墳）出土の須恵器装飾付器台につけられた人物像である。

この器台は、一九〇八年（明治四一）、開墾により出土した。一九二三（大正一二）年刊行の『中河内郡誌』で、高安千塚古墳群を調査して報告した岩本文一による収集資料の一つである。現在、大阪城天守閣所蔵品で、一九四一年（昭和一六）に国重要美術品となっている。高さ六一センチの大きな器台の鉢部分の縁に、人物形・動物形（馬）の像と小型壺がつけられた六世紀後葉頃の土器である。この人物像は、古代の男性の髪形である美豆良《みずら》髪を結っているようにみえる。梅原末治が収集した東洋文庫所蔵梅原考古資料にも写真があり、梅原は冑《かぶと》を着用した人物としている。この人物像の後ろの馬形の像が鞍をつけていることから、馬を曳く人物や騎馬の武人をあらわしたものかもしれない。

なぜ、八尾の高安千塚古墳群の出土品が、大阪城天守閣に所蔵されているのか。

大阪城天守閣は、一九三一年（昭和六）に大阪市民の寄附金により復興再建されたもので、内部は博物館であった。梅原考古資料によると、一九三三年（昭和八）には大阪城天守閣郷土発掘品博覧会が開かれ、このときに梅原は服部川出土の馬鐸を

高安千塚マスコット「はしづか君」（イラスト：NPO 法人歴史体験サポートセンター楽古）

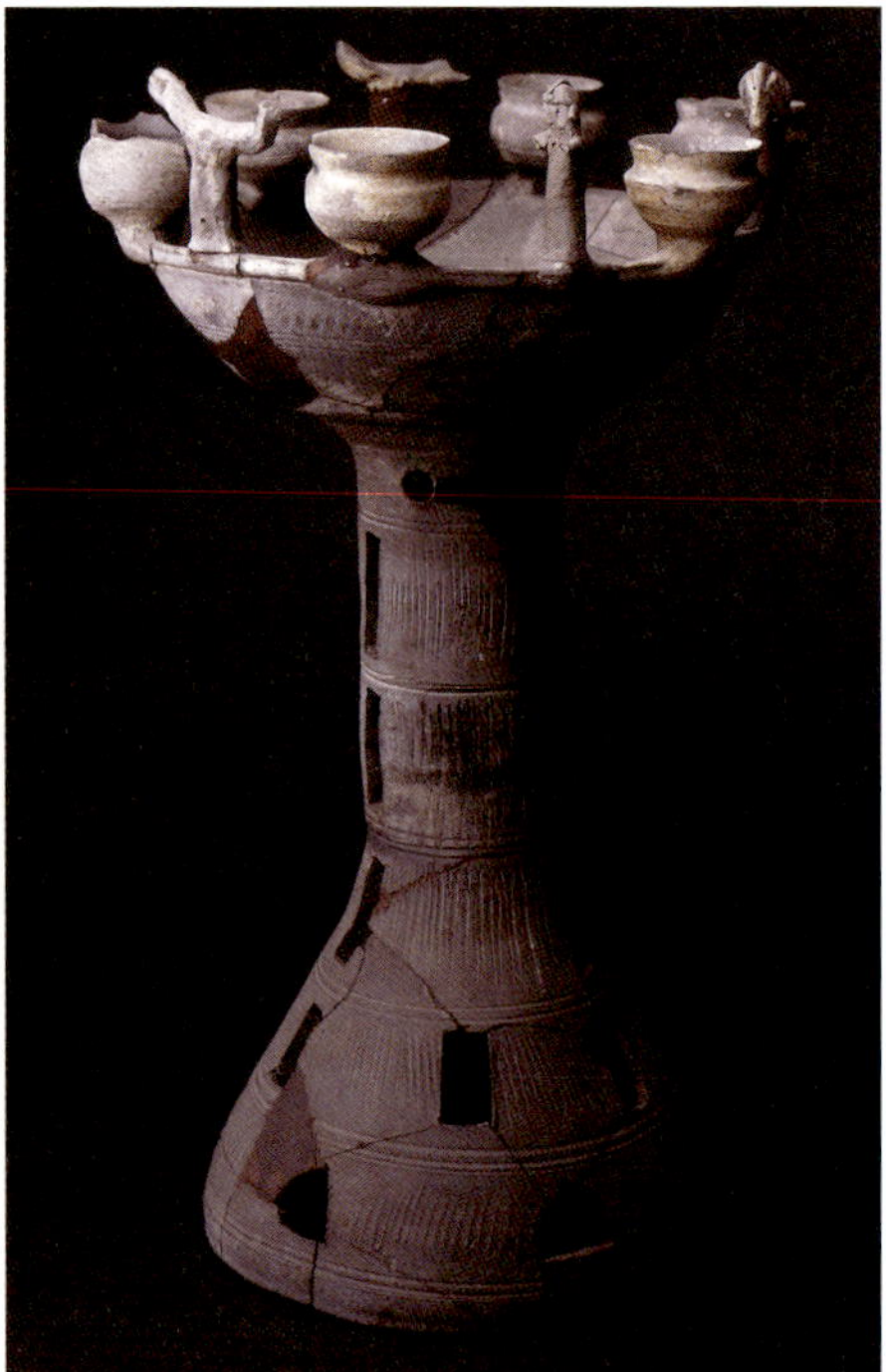

図38 • 大阪城天守閣所蔵の箸塚古墳出土装飾付器台（国重要美術品）**と「はしづか君」**
「はしづか君」のモデルとなった人物像のほかに、馬形と不明動物形3つ、坩（つぼ）6つが付けられている。こまかな文様が施された精美な土器である。（撮影：阿南辰秀氏）

スケッチしている。この博覧会に箸塚古墳出土の装飾付器台も展示されていたのかもしれない。

また、森浩一氏は、小学校の二年のころ祖父に連れられて大阪城天守閣を訪れ、大きな土器に高安村出土というラベルが添えられているのを見て、強烈に印象に残ったと記している。箸塚古墳出土の装飾付器台のことであろう。高安千塚古墳群の出土品が、森氏の最初の考古学との出会いとなったというエピソードである。

大阪城天守閣には、このほかに、岩本文一の収集品である大型高杯形器台二点と来歴不明の子持ち器台一点がある（図39）。高安千塚古墳群ないしは周辺の高安古墳群の出土品とみられる。これらの実測調査をおこなった結果、六世紀中葉から第3四半期頃の後期古墳では比較的古い時期（ＴＫ一〇型式期）の資料であることがわかった。

なお、箸塚古墳出土の装飾付器台は、現在、高安千塚古墳群に近い地元の八尾市立歴史民俗資料館で保管され、展覧会のおりにはみることができる。

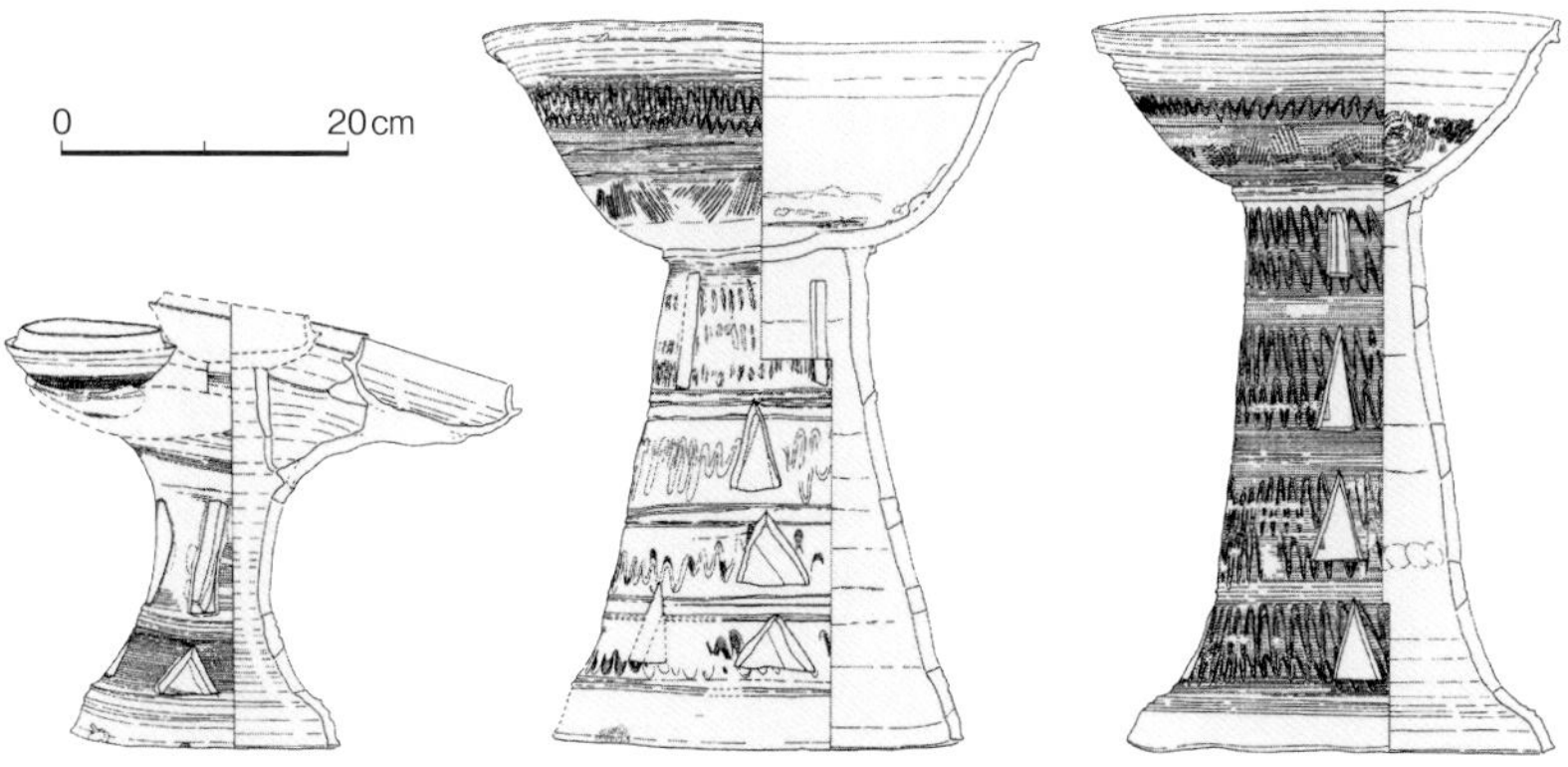

図39 ● 大阪城天守閣所蔵の子持ち器台（左）と高杯形器台（中央・右）
子持ち器台は杯が5つ付けられている。ＴＫ10型式古段階。高杯形器台（中央）はＴＫ10型式古段階、同（右）はＴＫ10型式新段階。いずれも精美な土器である。

4　高安千塚古墳群の変遷

高安千塚古墳群では六世紀前葉頃に造墓がはじまり、六世紀後半に造墓のピークがあり、非常に多くの古墳がつくられるが、七世紀代に入ると急速に終焉を迎える（図40）。

ここでは、このような高安千塚古墳群の変遷過程を、第一期から第四期の四つの時期に分けてみていこう。

第一期（六世紀前葉～中葉頃）　六世紀前葉頃に、大窪・山畑支群、服部川支群、郡川南支群で造墓を開始する。朝鮮半島の百済の石室にみられるような穹窿状の高い天井をもち、玄室プランが正方形に近い畿内型B類の石室が、韓式系軟質土器やミニチュア炊飯具が出土した郡川南支群の郡川一六号墳のほかに、大窪・山畑支群の大窪・山畑二一号墳、服部川支群の服部川一九号墳などの各支群でつくられる。同じ時期に大窪・山畑支群の大窪・山畑六号墳では、玄室の平面形が長方形で平天井をもつ畿内型A類の石室がつくられ、ややおくれて服部川支群の服部川七三号墳でも畿内型A類の石室がつくられる。

このように、高安千塚古墳群では、造墓当初から畿内型B類と畿内型A類の二つの系統の石室がつくられていることが大きな特徴である。

第二期（六世紀第3四半期頃）　六世紀第3四半期頃になると、服部川支群を中心に古墳が徐々にふえていく。大窪・山畑支群、服部川支群、郡川南支群では、第一期につくられた古墳の周辺に、新たな古墳がつくられていく。

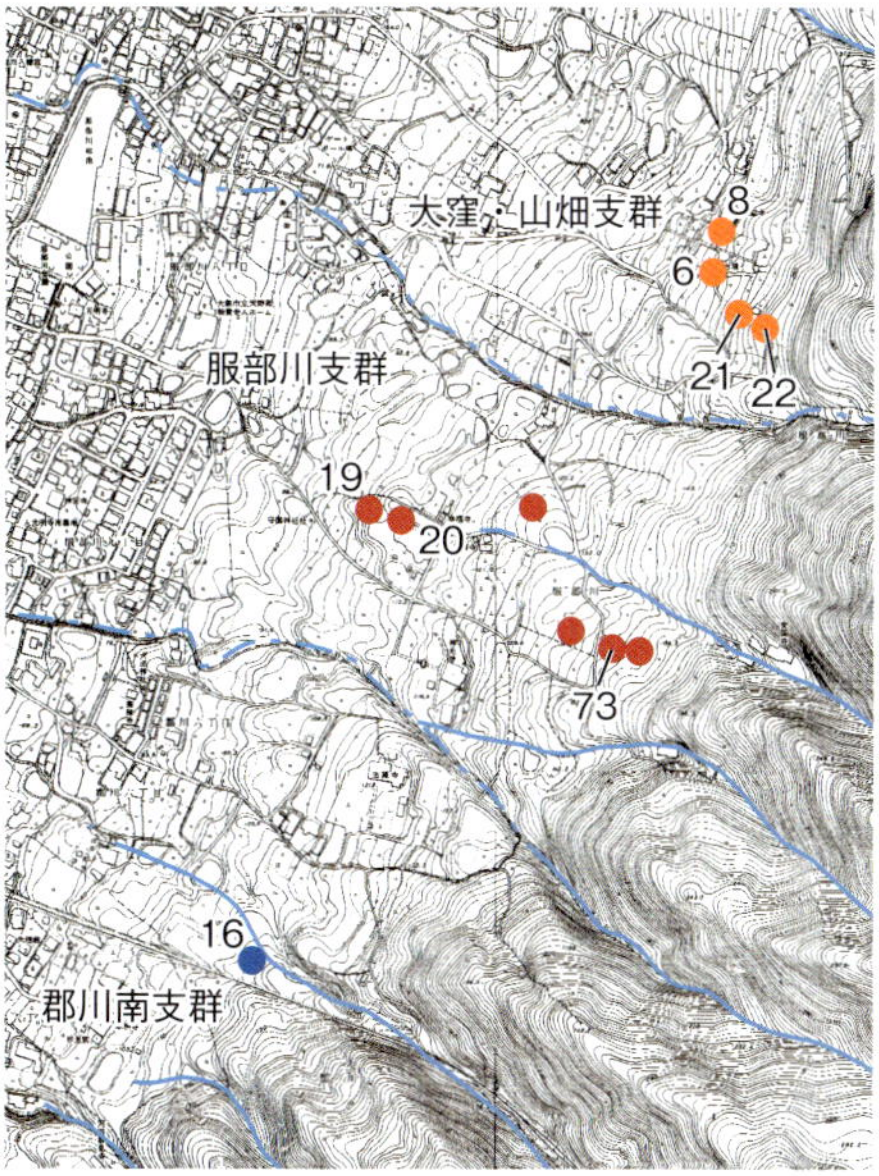

第1期(6世紀前葉〜中葉頃)

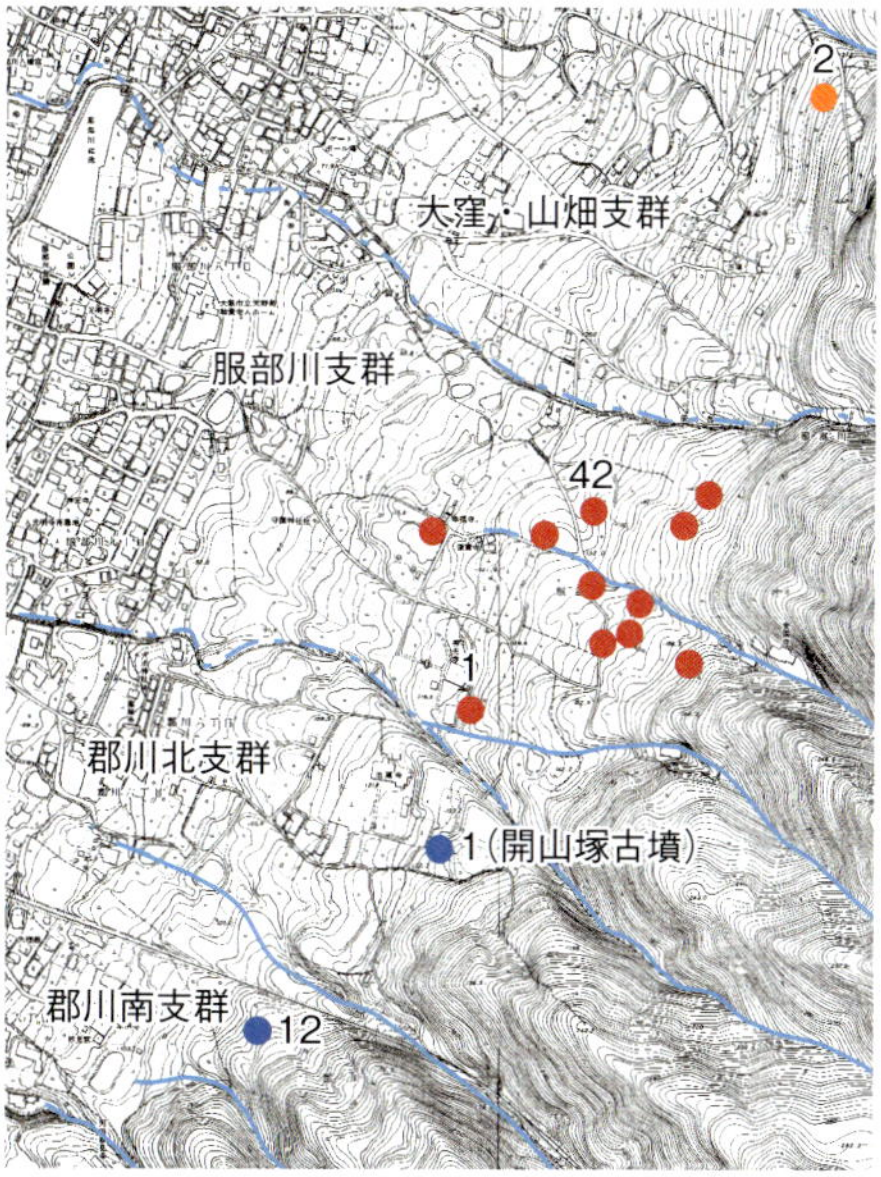

第2期(6世紀第3四半期頃)

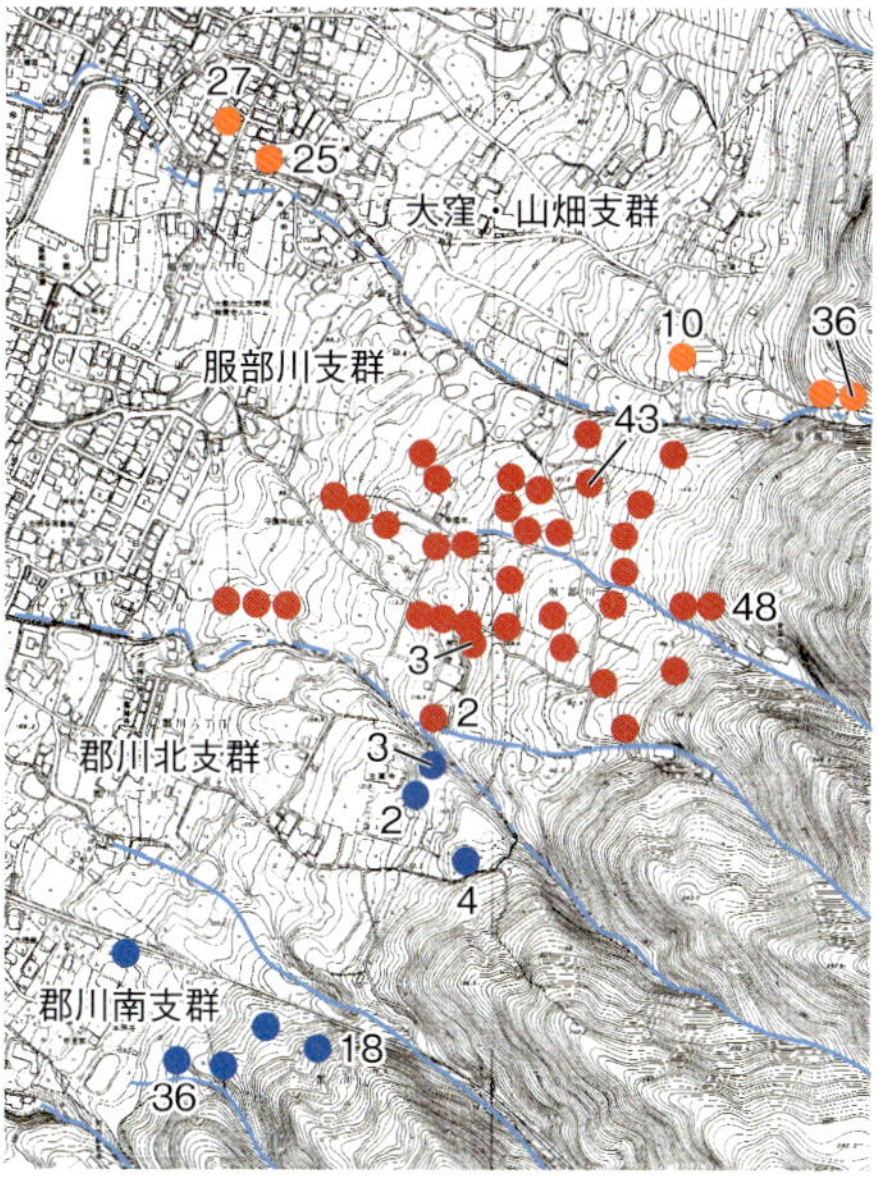

第3期(6世紀後葉〜末頃)

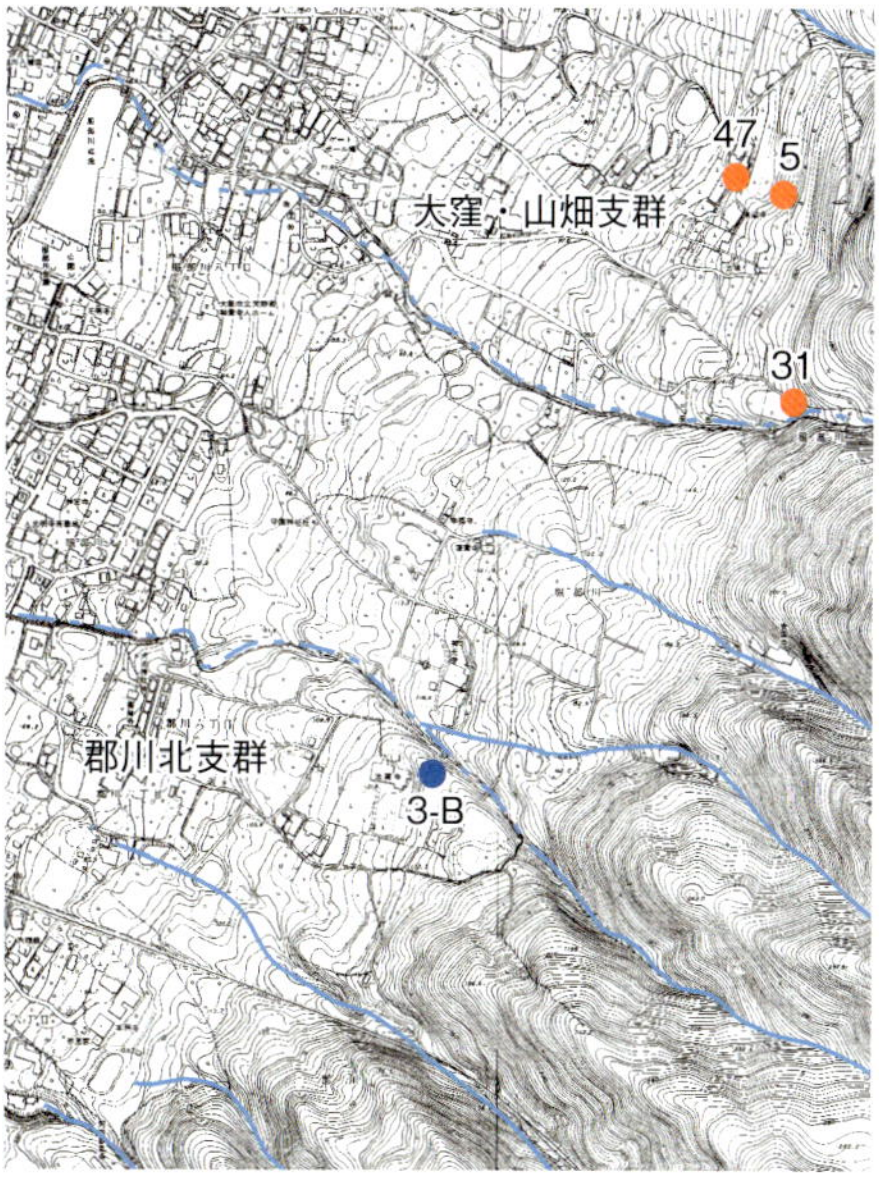

第4期(7世紀頃)

図40 ● 高安千塚古墳群の時期別変遷
図は石室編年をもとに、時期別にドットを落としたもの。石室が削平された古墳や未開口の古墳などをあわせれば、さらに多くの古墳が6世紀後半にあったとみられる。青線は、谷川ライン。

郡川北支群では、前段階には古墳がみられなかった松尾谷をのぞむ尾根上に、大型石室の開山塚古墳（郡川一号墳）がつくられ、郡川北支群の造墓が開始する。

第三期（六世紀後葉〜末頃） 服部川支群、大窪・山畑支群、郡川北支群、郡川南支群の各支群で古墳がつぎつぎとつくられる。高安千塚古墳群の造墓のピークで、とくに服部川支群で顕著である。前段階の古墳の近くにつくられるものと、新たな尾根につくられるものがある。この段階の石室は規格化が進み、第一期のような渡来系要素はみられなくなる。一方で石室の大型化が進み、大和の大型石室に準じるような規模と構造の石室がつくられる。

第四期（七世紀頃） 七世紀代に入ると、新たな造墓はほとんどおこなわれなくなる。服部川支群では、明確なこの時期の古墳は確認されていない。新たにつくられた古墳は、大窪・山畑支群の大窪・山畑五号墳、三一号墳、四七号墳（天神山古墳）、郡川北支群の郡川三―B号墳で、すべて無袖式石室の古墳である。

しかし、追葬や追祭祀は継続しておこなわれている。郡川一六号墳においては、七世紀頃（飛鳥時代）、さらに八世紀初めから中頃（奈良時代）の土器が出土している。また、服部川支

図41 ● **森田山古墳出土大刀**
刀身と鐔（つば、左）と柄頭（つかがしら、右）である。金色に輝く鍍金（めっき）が一部にみえる。柄頭が圭頭形になるタイプの装飾大刀である。市指定文化財。（撮影：阿南辰秀氏）

群の森田山古墳（服部川一三四号墳）からは、七世紀前半頃の金銅装圭頭大刀《こんどうそうけいとうたち》が出土している（図41）。

時期別変遷と集団の盛衰

このように、高安千塚古墳群の時期別変遷の特徴は、六世紀後半頃に造墓のピークがあり、七世紀代には急速に終焉を迎える点である。このことから、高安千塚古墳群に葬られた人びとは、六世紀後半頃に、非常に大きな力をもった集団であり、七世紀代に入ると、なんらかの理由で急速にその力を失ったのではないかと考えられる。

この点について、白石太一郎氏は、「畿内の後期大型群集墳に関する一試考」のなかで、七世紀代まで造墓が継続する平尾山古墳群と対比させて、高安千塚古墳群については物部氏との関係を、平尾山古墳群については蘇我氏との関係を指摘した。その後、物部氏配下の渡来系集団という考えを示している。

先に述べたように、高安千塚古墳群においては、追葬や追祭祀は、七〜八世紀代（飛鳥〜奈良時代）まで、長くおこなわれている。このことは、高安千塚古墳群を造営した集団の子孫が、飛鳥時代、奈良時代となっても、みずからの祖先の墓所という意識をもちつづけていたことを示すと考えられる。このことから、高安千塚古墳群を造営した集団が、七世紀代に入って滅んでしまったわけではなく、新たな墓をつくることへの規制を政権から受けていたのではないかと考えられる。

（吉田野乃）

第4章　古墳群に葬られた人びと

1　畿内の大型群集墳と高安千塚古墳群

畿内の大型群集墳

畿内には、一五〇基以上の古墳からなる大型群集墳が一三カ所ほどある（図42）。大和には七カ所、河内には四カ所、山城に一カ所、摂津に一カ所で、大和と河内に多い。

しかし、河内と大和の大型群集墳では、大きな違いがある。河内の群集墳は、埋葬施設のほとんどが横穴式石室で、墳丘は等質的な中・小規模の円墳を主体とする傾向にある。当時の政権の中心であった大和の群集墳は、埋葬施設が横穴式石室以外の木棺直葬や竪穴式石室などを主体とする群集墳や、横穴式石室が混在する群集墳があり、墳丘は前方後円墳や大形円墳を含み格差があり、五世紀代の古くから造墓されるものが多い。

白石太一郎氏が指摘しているように、大和の大型群集墳である御所市石光山《せっこうざん》古墳群（一〇〇基以上）、橿原市新沢千塚古墳群（約六〇〇基）、天理市石上《いそのかみ》・豊田《とよだ》古墳群（約二五〇基）などの群集墳に葬られた人びとは、在来の倭人集団を主体とするものであったと考えられる。これに対し、横穴式石室を主体とする河内の群集墳は、釵子《さいし》（かんざし）やミニチュア炊飯具などの渡来系副葬品をもつものが多く、渡来系集団による造墓ではないかと考えられる。

河内の大型群集墳

河内の四大群集墳といわれる大型群集墳には、東大阪市山畑古墳群、八尾市高安千塚古墳群、柏原市平尾山古墳群、河南町・太子町にまたがる一須賀古墳群がある。このうち山畑古墳群、高安千塚古墳群、平尾山古墳群は、中河内の生駒山地西麓にあり（**図43**）、一須賀古墳群は大和川を経て、南河内の石川東岸、金剛山地の麓にある。

このなかで、高安千塚古墳群

図42 ● 畿内の大型群集墳の位置
赤丸で示した横穴式石室を主体とする群集墳は河内に多く、青三角で示した横穴式石室以外の木棺直葬などが混在する群集墳は大和（奈良県）に多い。

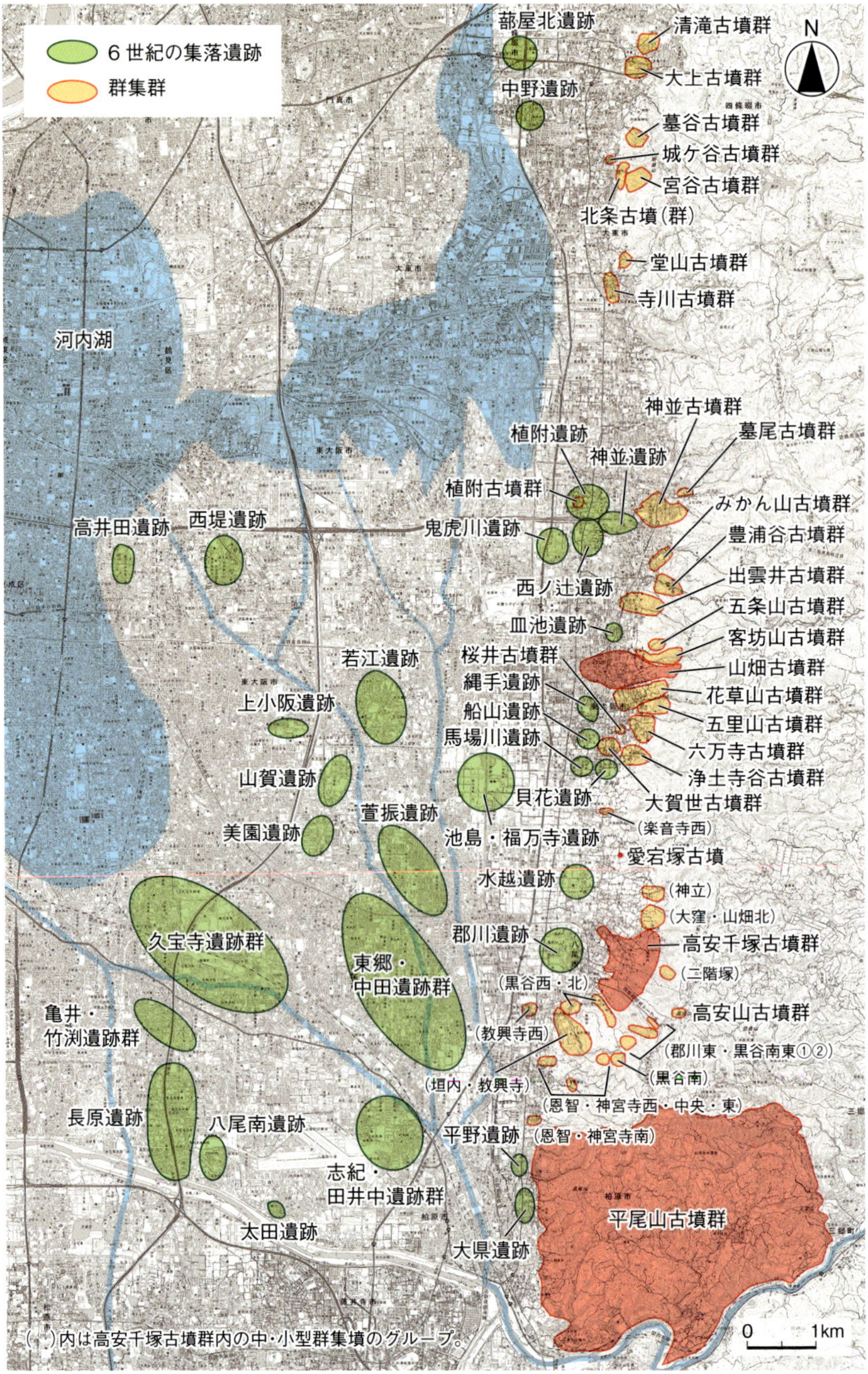

図43 ● 生駒山西麓の群集墳と集落遺跡
薄い赤色で示したものが150基以上の古墳からなる大型群集墳。このほかが中・小型群集墳。緑色は群集墳と同じ時期、6世紀代頃の集落遺跡。

はどのような特徴のある群集墳なのであろうか。河内の群集墳のそれぞれと比較してみよう。

山畑古墳群

現在六八基が確認されており、その南側に接して、花草山《はなくさやま》古墳群、五里《ごり》山《やま》古墳群がある。秋山浩三氏はこれらの古墳群について、石棺や副葬品の共通性から、山畑古墳群と同一の群集墳である可能性を指摘している。このように考えると、本来は一五〇～二〇〇基近い大型群集墳であったと考えられる。埋葬施設は横穴式石室が主体で、石室規模は大きいものがある。墳形は円墳のほか、方墳、双円墳、上円下方墳を含み、石室の平面形状は長方形から細長い長方形で平天井である。石室のつくりは、中・小規模の石室を中心にやや粗いものがある。造墓時期は、六世紀前半から七世紀初め頃を中心とする。

副葬品は、武器・馬具などの一般的なものである。中西克宏氏は、釵子、ミニチュア炊飯具セットなどの渡来系副葬品がまったくみられないことを指摘している。また馬具は、山畑三三号墳出土例のような鉄地金銅張鐘形《こんどうばりかねがた》杏葉《ぎょうよう》もあるが、山畑二三号墳出土例のような装飾性に乏しい実用的な鉄《てつ》製環状鏡板付轡《せいかんじょうかがみいたつきくつわ》などもある（図44）。また、馬飼いを象徴するとされる鉄鎌を副葬する古墳が二例みられ、山畑二二号墳からは、馬の飼養に必要

図44 ● 山畑古墳群出土の馬具
左が山畑33号墳出土の鉄地金銅張鐘形杏葉で斜格子の鉄線を張るもの。右が山畑23号墳出土の鉄製環状鏡板付轡。

な塩にかかわる製塩土器が出土している。また、山畑四八号墳や五里山二号墳からは金銅装環頭大刀が出土している。

山畑古墳群の被葬者集団について、安村俊史氏は副葬品のありかたから、騎馬兵を含む軍団を構成するような在地の集団を想定している。おそらく、騎馬など軍事にもたずさわった在地の有力集団であり、馬飼い関連の遺物もみられることから、馬飼い集団をその配下に抱えていたと考えられる。出土品に渡来系副葬品がまったくみられないことから、古くに渡来して在地化した集団であり、大型石室もつくっているので、地域での力をもった集団であったと考えられる。

平尾山古墳群

本来は二〇〇〇基以上あったと推定されているが、現在一四〇七基が確認されている。墳形は円墳を主体とし、埋葬施設は横穴式石室が主体である。石室は中・小規模のものが多い。安村俊史氏は、両袖式石室は、長方形と正方形の二系統がみられることを指摘している。造墓期間は六世紀前半頃から七世紀後半頃までで、造墓の期間が長く、七世紀後半代までつづくことが特徴である。副葬品は武器・武具・馬具が少なく、釵子・ミニチュア炊飯具など（図45）、渡来系集団との関係が推定されるものや、鉄《てっ》滓《さい》などの鍛冶集団との関係が推定されるものが出土している。

図45 ● 平尾山古墳群出土のミニチュア竈（左）と釵子（右）
左が平野・大県第20支群第3号墳出土のミニチュア竈。右は釵子で、大きいものが雁多尾畑第11支群第6号墳出土。小さいものは同第6支群第13号墳出土。

安村氏は渡来の要素が強く、さまざまな知識を有する文人的集団、技術を有する生産にかかわる集団と推定している。石室は中・小規模のものが多いことから、地域での力はそれほど大きくはないが、他の群集墳の造墓が少なくなるなかで、七世紀代に入って造墓を開始する支群もあることから、政権から特別に造墓を許された集団ではなかったかと考える。

一須賀古墳群

現在、二六〇基あまりが確認されている。埋葬施設のほとんどが横穴式石室だが、木棺直葬などを含む。墳丘規模は小規模なものが多く、ほとんど円墳だが、方墳、長方形墳を含む。石室の平面形状は、古い時期のものは正方形に近いものが多い。花田勝広氏は三つのタイプがあることを指摘しているが、長方形プランで平天井の畿内型A類と正方形プランで穹窿状天井の畿内型B類のものもあり、多様性があるようだ。

造墓期間は六世紀前半頃から七世紀前半頃であり、釵子・ミニチュア炊飯具などの渡来系副葬品が顕著で、金銅製垂飾付耳飾、金銅製釵子、金銅製飾り金具などの副葬品も出土している。WA一号墳からは、金銅製の履《くつ》や冠が出土している（**図46**）。小浜成氏は、石川流域の渡来系氏

図46 ● 一須賀古墳群WA1号墳出土金銅製冠片・ガラス玉（左）**と復元された履**（右）
WA1号墳は一須賀古墳群を代表する古墳。大型石室内に豪華な副葬品がおさめられていた。右の履は破片からの復元品。足の大きさは30㎝を超えるもので実用品ではない。

族の諸集団の墓域と考えている。

石室は中・小規模のものが多いが、突出した規模をもつ石室があることや、WA一号墳から金銅製の履や冠が出土していることから、地域での力というよりは、高い文化や技術をもつ渡来系集団として政権とのつながりをもった集団ではないかと考えられる。

このように河内の群集墳は、墳形や石室の形態・つくり、そして副葬品の内容に、それぞれ特徴がある。これは、それぞれの群集墳に葬られた集団の個性があらわれているものと考えられる。渡来系要素が顕著なのは一須賀古墳群、平尾山古墳群であり、ここに葬られた人びとは渡来系集団とみて間違いないであろう。山畑古墳群は、古くに渡来して在地化した集団であったのではないかと考えられる。

高安千塚古墳群

では、高安千塚古墳群はどのような特徴をもっていたのだろうか。

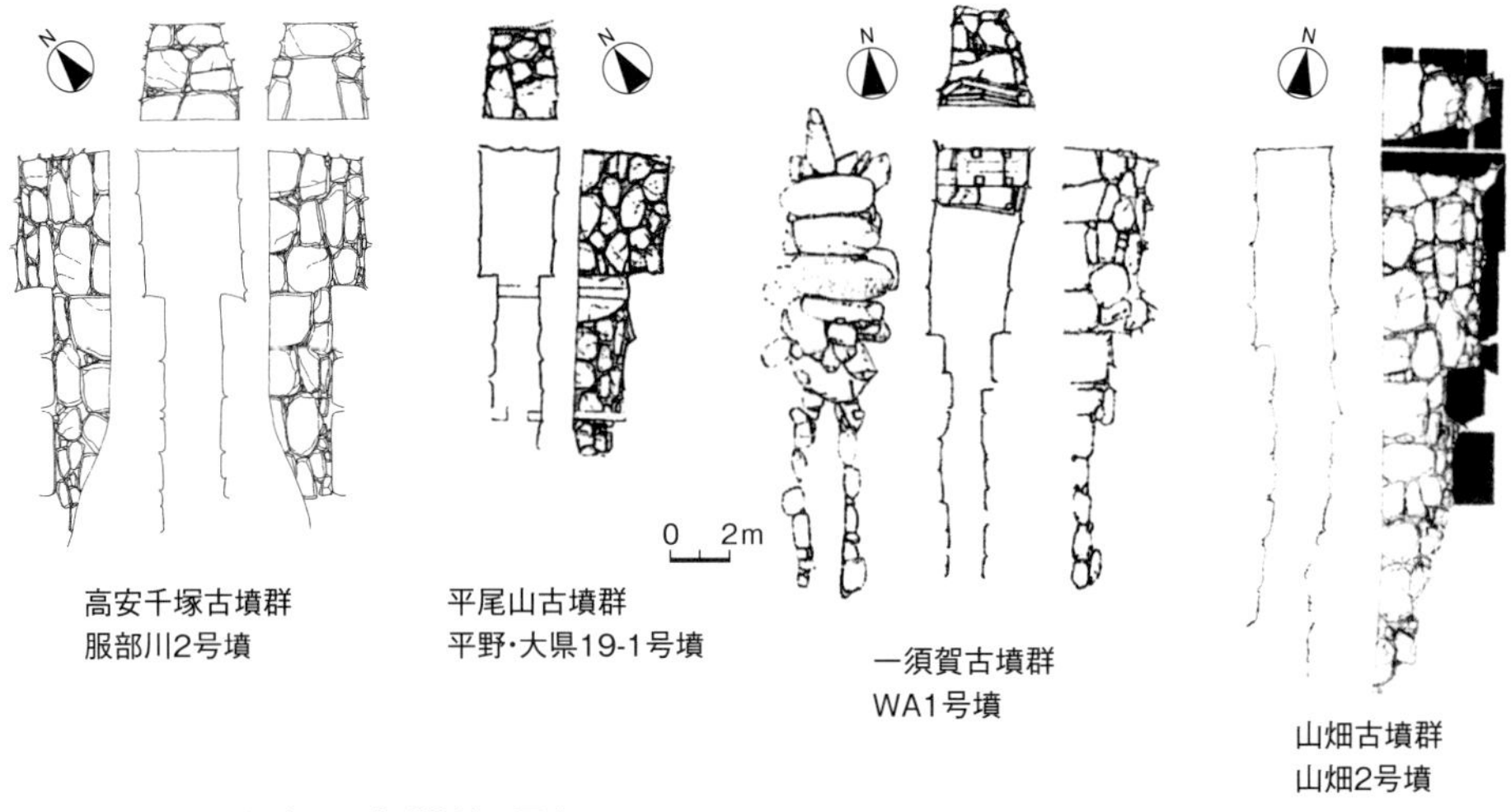

図47 ● 河内の四大群集墳の石室
各群集墳の6世紀後半の最大級の石室。このなかで比較すると、高安千塚古墳群の石室は玄室長に対して玄室幅が広く、平面プランが整い精緻なつくりであることが見てとれる。

高安千塚古墳群では、現在二三〇基を確認しているが、本来は五〇〇基以上もの古墳があったとされ、平尾山古墳群ほどではないが、畿内でも有数の大型群集墳である。埋葬施設のほとんどが横穴式石室である。また、ほとんどすべてが円墳で、河内の他の群集墳とくらべても円墳の比率が高い。墳丘規模は径一〇～三〇メートル前後であり、一一～一五メートル前後のものが多い。石室の大きさの格差に対応して、墳丘の大きさにも格差がある（図48）。

石室の平面形状は、山畑古墳群のように長方形プランの単系統ではなく、一須賀古墳群のように多様性があるわけでもない。平尾山古墳群に近

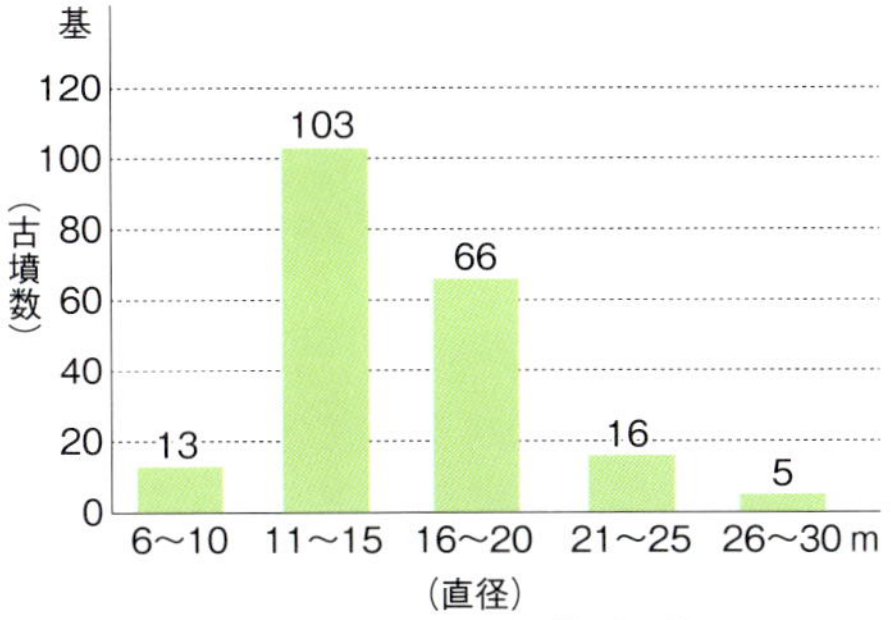

図48 ● 高安千塚古墳群の墳丘規模別の数
墳丘の大きさが判明している203基の比率。直径11～15 mのものが103基ともっとも多く、つづいて直径16～20 mが66基ある。

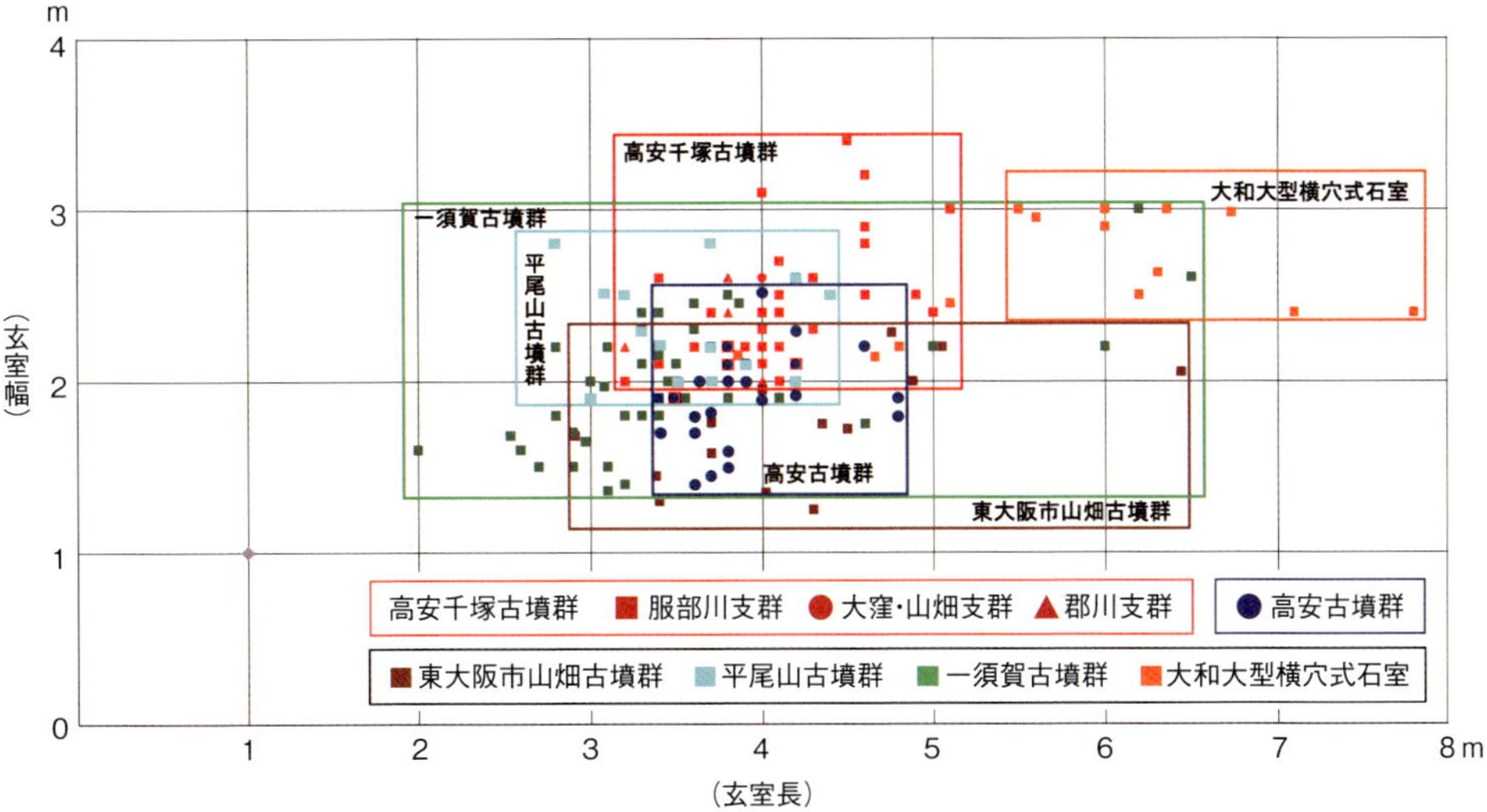

図49 ● 河内の四大群集墳と大和の大型石室（玄室の大きさの比較）
6世紀後期の石室を対象とし、縦軸が玄室幅、横軸が玄室長。平尾山古墳群は中・小型石室が多く、一須賀古墳群は小型も多いが超大型もある。山畑古墳群は大型が多いが玄室長が長い細長プランである。各群集墳の石室形態の特徴が顕著にあらわれている。

いが、高安千塚古墳群では、畿内型A類と畿内型B類の系統が、両袖式、片袖式とも、各支群で明瞭につづく。石室は、河内の大型群集墳はもとより全国の群集墳のなかでも突出して大きいものが多く、大和の大型石室に準ずる規模と構造をもつ（図49）。造墓期間は、平尾山古墳群は長く七世紀後半頃までつづくのに対し、高安千塚古墳群は造墓のピークが六世紀後半頃にあり、七世紀代に入ると急速に停止する。また、造墓当初には石室や副葬品などに、渡来系要素がみられるものの、一須賀古墳群、平尾山古墳群ほどには顕著でない。

2　高安千塚古墳群に葬られた人びと

集団の系統

高安千塚古墳群に葬られた人びとを考えるにあたり注目すべきことは、これまで何度か述べてきた石室系統である。高安千塚古墳群の横穴式石室には、平天井で長方形プランの畿内型A類の石室をつくるグループと、穹窿状天井で正方形プランの畿内型B類の石室をつくるグループが、同じ支群内に近接して存在している（図50）。

このことから、これらのグループの違いは、それぞれの集団の違いである可能性が考えられる。おそらくは畿内型B類の石室は、郡川一六号墳などにみられるように、石室の形態や百済系の韓式系軟質土器（図34参照）をもつことから、百済などの半島からの渡来系集団との関係が考えられる。畿内型A類の石室は、半島系なのか在地系なのか判然としないが、畿内型B類とは別の集団によるものと考えられる。このように大きく見て二つの系統の集団が、高安千塚古墳群という大きなひとつの墓所に葬られているのである。このことは大変に関心が向くことだが、最初にみてきた大窪・山畑支群、服部川支群、郡川北支群、郡川南支群といった支群との関係は判然としない。これらの支群は、谷川による立地上で分かれており、大窪・山畑支群では七世紀代まで造墓がつづくなどの特徴があるが、高安千塚古墳群の造墓開始頃には、二系統の集団が同一支群内に近接して造墓しており、支群としての特徴が生じていなかった可能性もある。

そして、この二つの石室の系統は、六世紀後半段階まで連綿とつづいている（**図32参照**）。このことから、二つの系統の集団が高安千塚古墳群に葬ら

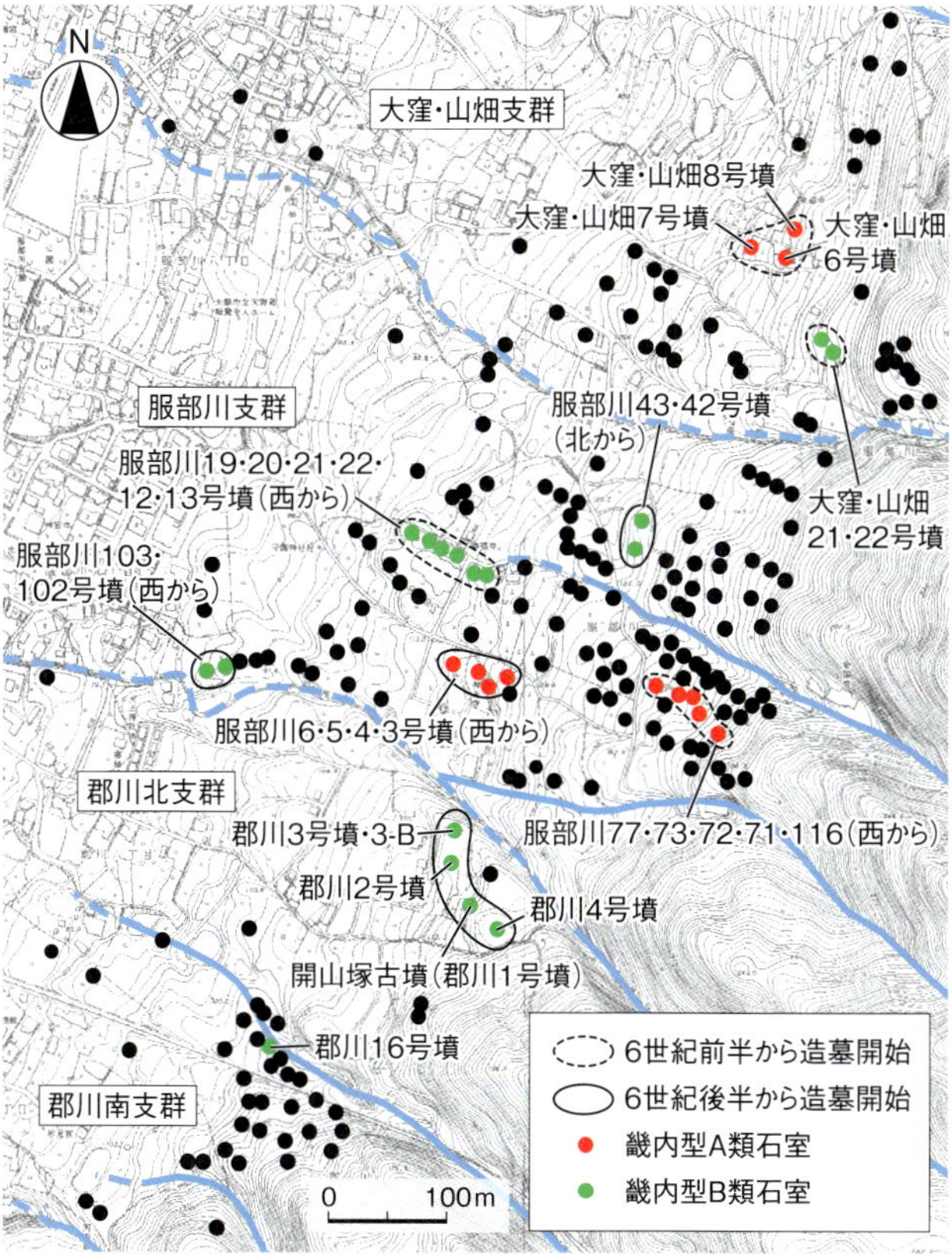

図50 ● 畿内型Ａ類・Ｂ類の石室系統をもつグループの分布
横穴式石室が開口している古墳を対象に、畿内型Ａ類・Ｂ類のそれぞれの石室系統のグループを抽出できるものを表示。郡川16号墳は高安千塚で畿内型Ｂ類石室の端緒をなす古墳だが、周辺の古墳が開口していないためグループを抽出できなかった。

れており、そのうち一つの集団は、渡来系集団であったと考えられる。

高安千塚古墳群の造墓開始は六世紀前葉頃であることから、葬られた人びとのうち畿内型B類の石室をつくった渡来系とみられる人びとは、五世紀後葉頃から六世紀代にかけて渡来した人びとであったとみられる。これらの人びとは、政権の采配によって中河内にすでにあった在来の集落に配置されたとみられる。そこには、当時、朝鮮半島からの文化・技術を積極的にとり入れていた政権の意図があったと考えられる。その後、六世紀後半頃には、副葬品は通有の武器や馬具などになり、石室は大型化、規格化したものが多くなり、渡来系要素はみられなくなる。そして石室の規模に格差がでてくる。この段階には、高安千塚古墳群に葬られた人びとは、中河内を拠点として大きな力をもち、集団内部に階層性をもつ規模の大きな集団となったのであろう。

このような有力な集団に成長した背景は、何であったのだろうか。そこには、河内平野の集落群の発展や、河内に拠点をもち、政権を構成した氏族である物部氏との関係も想定される。次節からはこの河内平野の集落についてみていきたい。

3　河内平野の集落

高安千塚古墳群を歩くと、二室塚古墳や開山塚古墳など、墳丘や石室の大きい有力な人の墓とみられる古墳は、河内平野をのぞむ大変見晴らしのよい場所につくられていることに気づく。

高安千塚古墳群に葬られた人びととは、その眼下に広がる中河内の平野部を拠点とした人びとではないかと考えられる。平野部ではこれまでの発掘調査で、高安千塚古墳群がつくられたのと同じ時期の集落遺跡が多く確認されている。その成果をもとに、高安千塚古墳群と集落の時期別の変遷や、具体的な集落遺跡のありかた、そして、中河内で多く出土する韓式系軟質土器のありかたもみてみよう。

集落の変遷

高安千塚古墳群の造墓がはじまる六世紀前葉頃には、多くの集落が営まれていることがわかる（図51）。とくに久宝寺遺跡群や東郷・中田遺跡群がきわだっていて、水田跡も確認されている。さらに、古墳がもっとも盛んにつくられる六世紀第3四半期から末頃には、集落遺構の分布がさらに拡大し、一体化しているようにみえる。六世紀後半頃の集落遺跡のなかで、ひときわ注目されるのが、久宝寺遺跡でみつかった建物群である。大阪府下でも類例の少ない二間×七間の大形掘立柱建物を含む一〇棟以上もの建物群である（図52）。発掘調査を担当した菊井佳弥氏や原田昌則氏は、これらは『日本書紀』にあらわれる物部氏の居館の一部ではないかと推定している。

また、東郷・中田遺跡群内の矢作《やはぎ》遺跡では、三間×四間の総柱建物を含む三棟の掘立柱建物とこれを囲むと推定される溝が三条確認されている。発掘調査を担当した米田敏幸氏は、建物と溝のありかたから、通常の集落と異なる居館のような建物を推定している。そして、溝の廃絶時期が六世紀第4四半期頃（TK四三型式期）で、『日本書紀』に記される五八七年（用明二）の物部守屋が、蘇我馬子や廏戸皇子らと対立し、中河内の地で戦い敗死する丁未《ていび》の変の時期と重なることから、物部氏との関係を指摘している。

七世紀代にはいると、高安千塚古墳群では新たな造墓がおこなわれなくなり、急

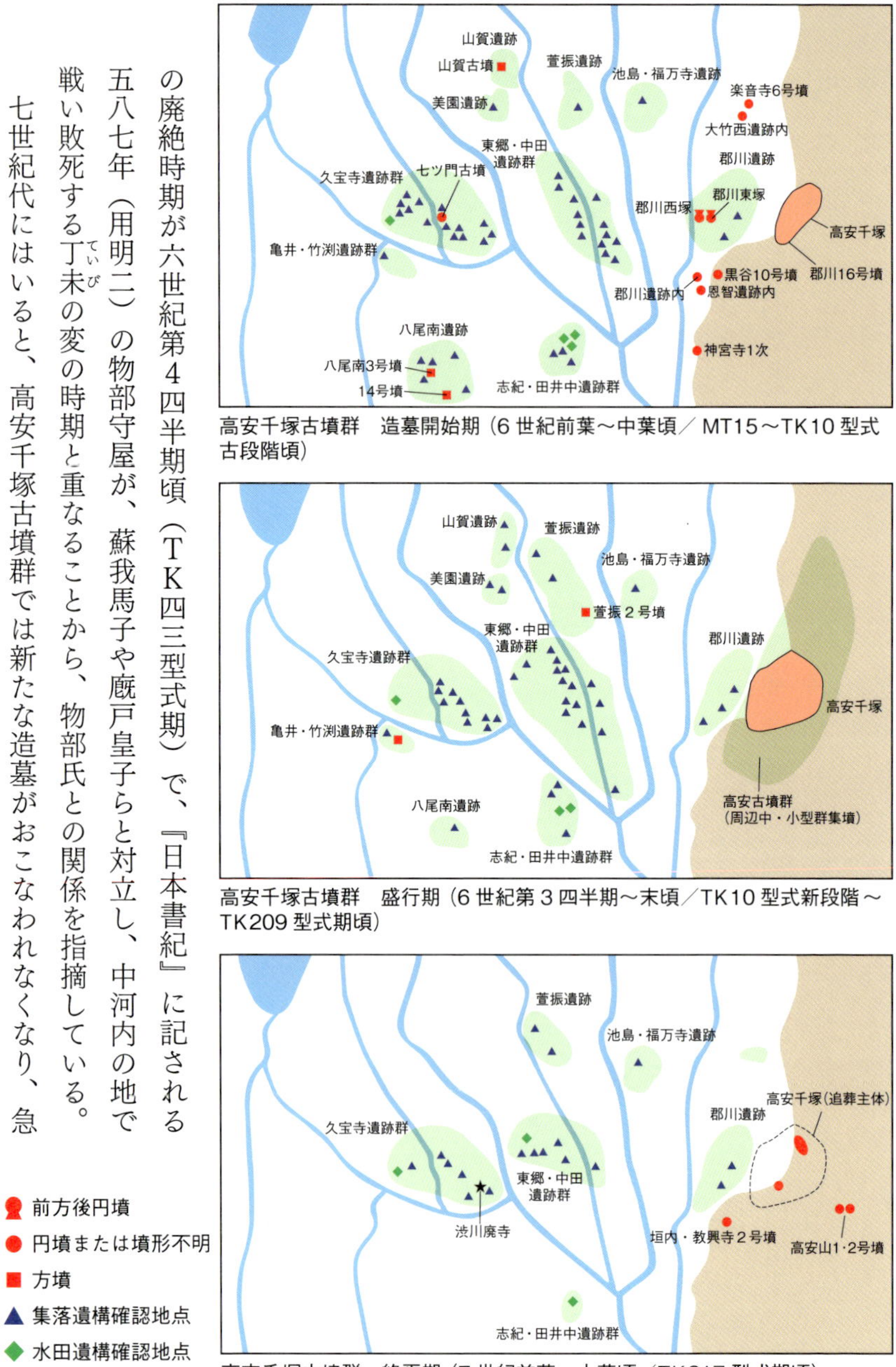

高安千塚古墳群　造墓開始期（6世紀前葉〜中葉頃／MT15〜TK10型式古段階頃）

高安千塚古墳群　盛行期（6世紀第3四半期〜末頃／TK10型式新段階〜TK209型式期頃）

高安千塚古墳群　終焉期（7世紀前葉〜中葉頃／TK217型式期頃）

図51 ● 高安千塚古墳群と集落の変遷

石室編年や集落遺跡の発掘調査成果から、須恵器の型式編年をもとに時期別の古墳と集落の分布を調べた。集落や水田のドットは、発掘調査で遺構が確認された地点。

速に終焉を迎える。これと対応するかのように、中河内の集落分布も縮小する傾向にある。注意されることは、前述した久宝寺遺跡の建物群を壊して、縦断する七世紀前半頃の道路遺構が確認されていることである。これは、この時期の中河内地域の大きな政治的変動、すなわち丁未の変ののち、この地が中央の支配下に置かれたとみられることと関係するものであろう。久宝寺遺跡の東端に、蘇我氏とのかかわりが考えられる七世紀前半頃の豊浦寺系創建軒丸瓦をもつ渋川廃寺跡が確認されていることも注意される。

中河内の集落と渡来系集団

中河内の集落遺跡では、五世紀代から長原《ながはら》遺跡、久宝寺遺跡、小阪合《こざかあい》遺跡などで、朝鮮半島南部の土器の特徴をもつ韓式系軟質土器が多く出土している。また、八尾南遺跡などでは馬飼い関連の遺構・遺物が出土している。さらに、六世紀代においても、中田遺跡などで韓式系軟質土器が出土している。このことから、中河内平野部には、渡来の人びとが多く居住していたとみられる。中久保辰夫氏は、渡来系集団がどのような集落にも均等に移入したのではなく、多くの渡来人が集住した集落があったとする。そして河内台地北端付近（羽曳野丘陵先端付近）

図52 ● 久宝寺遺跡68次調査の大型掘立柱建物群
人が立っているところが建物の柱の位置。ここでは、5棟の建物と柵列や溝が確認されている。

に位置する大阪市の長原遺跡群や河内湖周辺地域の遺跡群を挙げている。

私は、高安千塚古墳群から西へ五キロ前後という位置関係や、古墳群の時期別変遷が一致する河内湖南岸、旧大和川流域の久宝寺遺跡群や東郷・中田遺跡群などの集落群が、高安千塚古墳群に葬られた人びとが拠点とした集落ではなかったかと考えている。

久宝寺遺跡に隣接する亀井遺跡では、渡来人の技術である土を盛っていく過程で崩落を防ぐため草木、木葉などを敷設する敷葉《しきば》工法でつくられた五世紀末から六世紀初頭の巨大な堤がみつかっている。また、久宝寺遺跡では、水を制御して水田に導水するために設けられた五世紀中葉頃の大規模な合掌形堰《がっしょうがたせき》も確認されている（図53）。久宝寺遺跡やその周辺では、堰や水路とともに、水田や畑が発掘調査で確認されている。

田中清美氏が指摘するように、河内においては渡来系集団の技術によって大規模な開発がなされたとみられる、また、国内の他地域の土器のほかに、韓式系軟質土器が多く確認されている。準構造船の出土にみられるように、これらの遺跡群は、古くから河内湖南岸の港のような役割を果たしていたとみられ、多くの渡来人が移入しやすい場所であったのであろう。

図53 ● 久宝寺遺跡出土の5世紀代の合掌形堰
（公財）大阪府文化財センターによる発掘調査で発見された。5世紀中葉頃に築かれたもので、周辺調査成果もあわせて全長は40ｍを超える大形の堰と推定されている。

土器にみる渡来文化の受容

中河内の集落遺跡から多く出土する韓式系軟質土器の研究で注意されることは、韓式系軟質土器のかたちを有しながら在来の製作手法を用いた土器が増加する現象で、「土師器化」ともいわれる。五世紀代の韓式系軟質土器には、長胴甕や甑《こしき》などがある（図54）。これらは、カマドにかけて米を蒸す調理器具で、それまでの倭人の生活にはなく、朝鮮半島からの渡来の人びとがもたらしたものである。これらの土器は、急速に在来の土器と融合し、在地の人びととの生活に浸透していったようである。そして、かたちは韓式系軟質土器の長胴甕だが、つくりかたは在来の土師器の製作技法（ハケ調整など）による土器が、五世紀代に増加する。たとえば、韓式系軟質土器の長胴甕の影響を受けて、外面ハケ調整の土師器の長胴甕があらわれる。

田中清美氏は、長原遺跡出土土器の土師器化の様相から、渡来系集団が世代を重ねるなかで、在地の集団と融合していったと指摘している。このような現象は、久宝寺遺跡をはじめとする中河内の集落

図54 ● 八尾市内出土の5〜6世紀代の韓式系軟質土器
手前の灰色の土器は陶質土器の蓋と壺、左手前から奥は韓式系軟質土器で、手前から平底鉢、把手付鍋、甑、一番後ろは長胴甕。

遺跡群でもみられる。このことは、渡来の人びとが在地の人びととスムーズに融合していったことを示している。

おそらく、朝鮮半島から渡来した人びとは、当初は政権によって河内湖南岸の在来の集落に配置されたのであろう。そして、その後、在地の集団と融合していき、倭人の生活文化に朝鮮半島からの新たな文化が定着していったものと考えられる。

葬られた人びと

高安千塚古墳群に葬られた人びとは、どのような人びとであったのだろうか。白石氏は物部氏支配下の渡来系集団と考え、花田氏は文献にみられる高安郡の渡来系氏族との関連を指摘している。安村氏は、内部の階層差が顕著であることや渡来系要素がそれほど強くないことから、物部氏との関係を考えている。また、高橋照彦氏は、考古資料から渡来系集団が含まれることは確実であり、その一方で在地の非渡来系集団が含まれていた可能性もあるとする。

高安千塚古墳群には、石室系統から二つの系譜の集団があり、その一つが渡来系集団によるものとみられることから、渡来の人びとが含まれていたことは確実とみられる。そして、六世紀後半に石室が大型化、規格化し、大和に準ずる規模と構造になる。このことは、おそらく集団自体の在地化の進行とともに、物部氏といった政権を構成した氏族とのつながりが深まり、非常に有力な集団に成長していったことを示すものと考えられる。その具体的な様相は、今後の発掘調査を含む研究の進展、文献史学との共同研究で明らかになってくるであろう。

4　半島からの玄関口、中河内と高安千塚古墳群

中河内の役割

この当時の歴史のなかで、河内平野をのぞむ大型群集墳、高安千塚古墳群の成立の背景は何であったのだろうか。とくに朝鮮半島の国々との関係といった対外関係史をみると、五世紀から六世紀にかけて、高句麗が南の百済などと対立し、伽耶とよばれる地域も国内を統一する動きが盛んになってきていた。倭は百済などに軍事的援助をおこない、そのかわりに朝鮮半島から高い文化や技術をもった渡来の人びとを受入し、国家づくりを進めていったと考えられる。

五世紀以降、そして六世紀代にも引きつづいて、多くの渡来の人びとが中河内に入ってきた。朝鮮半島から渡来系の人びとが倭へやってくるルートとしては、九州から瀬戸内海を介して、大阪湾から河内湖に入り、旧大和川をさかのぼり、政権の

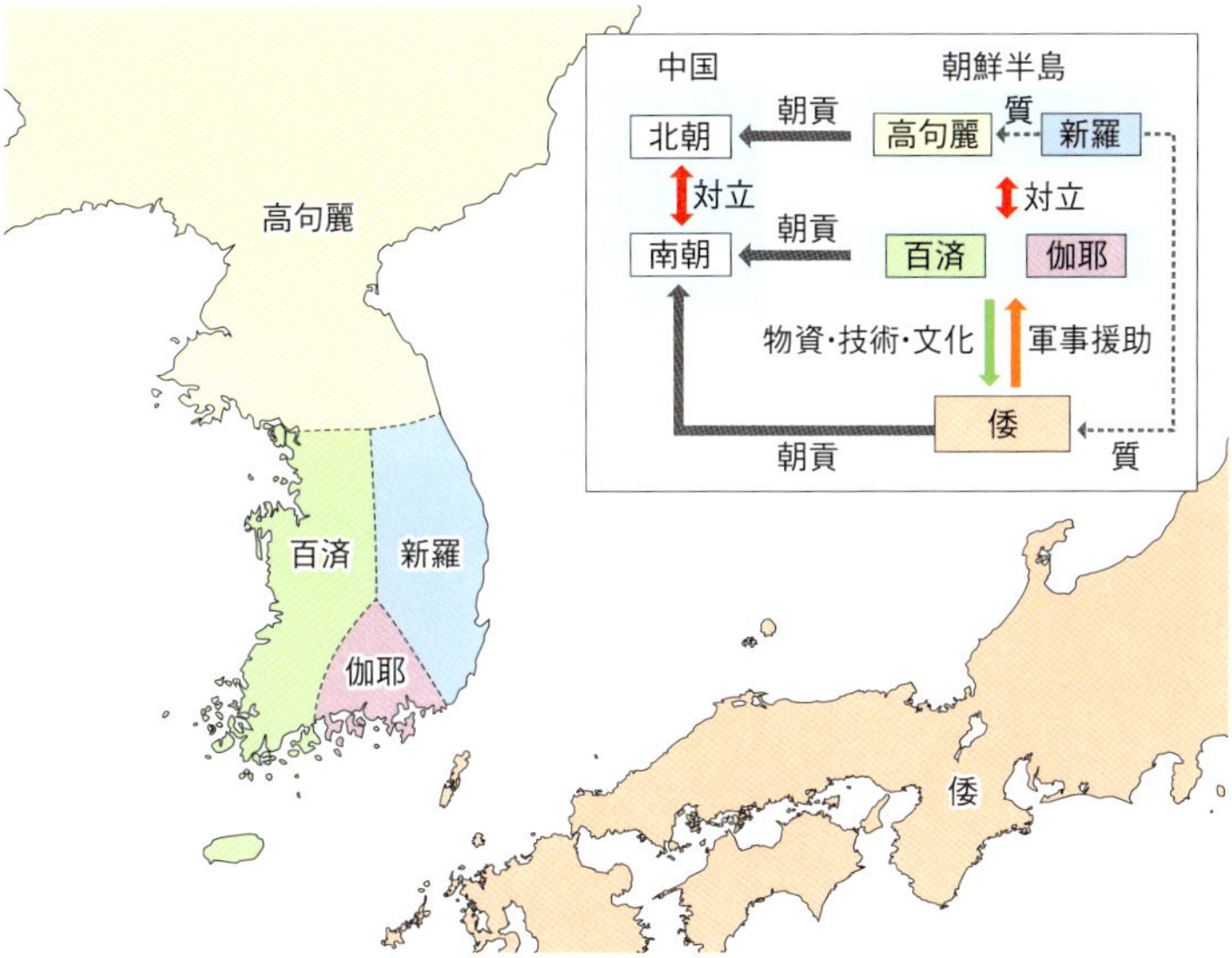

図55 ● **朝鮮半島と倭**

朝鮮半島の高句麗・新羅と百済や伽耶との対立という情勢のなかで、倭は軍事的援助をおこない、百済や伽耶からは物質・技術・文化がもたらされた。

中心地である大和へ至るというルートが考えられる（図42）。このことから、河内湖に面した中河内は、朝鮮半島からの玄関口として非常に重要な地域であった。

具体的には、畿内へ入る渡米の人びとをまず受け入れた地域の一つが中河内であり、おそらくは政権を構成した物部氏などの采配のもと、在地の人びとが住む安定した集落に渡来集団を受け入れ、徐々に定着させていったのであろう。なかでも、物部氏との関係が深いとみられる河内湖南岸の久宝寺遺跡をはじめとする旧大和川流域の集落遺跡群が、高安千塚古墳群に葬られた人びとが拠点とした集落ではなかったかと推定される。

高安千塚古墳群と渡来系集団

高安千塚古墳群に葬られた人びとには、朝鮮半島からの最新の技術や文化、知識をもった人びとが含まれていたのではないだろうか。大和に準ずる規模と構造の石室が多くつくられ、政権とのつながりが推定できることから、中河内における渡来系の技術者集団を統括し、政権の外交の一端を担っていたのかもしれない。

河内平野をのぞむ大型群集墳、高安千塚古墳群は東アジアとつながる玄関口として、常に渡来文化を受入し、発展してきた中河内の有力集団の墓所であったと考えられる。畿内有数の大型群集墳として、渡来系集団と地域社会、当時の政権のありかた、そして、中河内地域が六世紀代、古代国家形成期に果たした役割を考えるうえで、欠くことのできない重要な遺跡である。

（吉田野乃）

第5章 「やまんねき」の自然のなかで

国の史跡へ

高安千塚古墳群は、これまで述べてきたようにその貴重な歴史的価値によって、二〇一五年に国史跡となった。ここではそのあゆみを紹介しよう。

詳細分布調査は二〇〇四年から開始した。二〇〇五年以降は、学識経験者と関係自治体等による高安千塚古墳群保存検討会議を設置し、その助言のもと、二〇一〇年度までに四支群の詳細分布調査、服部川支群の測量調査、開山塚古墳などの重要古墳の測量、そして市史跡への指定、出土遺物整理調査をおこなった。二〇一一年度には基礎調査の成果をまとめ、総括報告書を刊行した。そして「はしづか君」のキャラクターづくりや、案内冊子の作成、シンポジウムの開催など、高安千塚古墳群を広く知っていただくよう努めた。

国史跡化にあたり課題となったのは、古墳群のある土地のほとんどが農業振興地域で、古くから花木栽培の盛んな地域であり、高安千塚古墳群の分布する服部川、郡川付近は、植木畑が広がっていることであった。国史跡になると現状変更へのきびしい規制がかかるので、土地所有者の方々の理解を得ずには高安千塚古墳群の国史跡指定は一歩も進まない。全国的にみても、植木畑の現状のまま国史跡化されている例はほとんどない。しかし、植木畑などの民有地がほとんどを占める高安千塚古墳群では、その地域性を踏まえた八尾市独自の古墳群保存のありかたを探ることが重要と考えられた。

高安千塚古墳群を歩くと、地形をうまく利用し、石室のある墳丘の周囲に桃などの花木類を植えている。この多彩な植木畑や雑木林のなかに、良好な状態の横穴式石室が連なる独特の景観が残されていることに気づく。さらに、古墳群から見おろす河内平野の眺望もすばらしい。

このようなことから、文化庁、大阪府教育委員会の指導のもと、高安山麓「やまんねき」の自然のなかで、植木畑などと調和したかたちで、古墳群を将来にわたり保存していく方向を目指すこととなった。そして、土地所有者をはじめとする地域の方々のご理解とご協力を得て、約四〇万平方メートルある古墳群のうち、服部川支群と郡川北支群を中心とした六万三七四〇・七六平方メートルが、二〇一五年三月一〇日に国史跡となった。これまで多くの研究者や市民の方々が調査・研究され、その重要性を明らかにされてきた成果がここに大き

図56 ● 植木畑の中の古墳
服部川42号墳。古墳石室の石の白色と桃の木のピンク、植木のグリーンが美しい。近年はこのような景色は少なくなってきている。

な実を結び、高安千塚古墳群の保存の大きな一歩となった。

自然のなかの古墳群

高安千塚古墳群の保存活用は、スタートラインに立ったところだ。史跡となった年に、高安千塚古墳群の保存活用をおこなうためのボランティア組織がつくられた。少しずつではあるが、古墳の掃除や見学会、講演会の補助などの活動がおこなわれている。

戦前、そして現代に至るまで、高安千塚古墳群は群集墳研究の対象として著名な古墳群であったが、未解明な部分も多い。国の史跡になったのは古墳群全体の約一六パーセントに過ぎない。大窪・山畑支群、郡川南支群の追加指定が今後の大きな目標であろう。また、人びとから古墳群の存在が忘れ去られつつあり、かつての中河内地域の名所であった「千塚」は遠い記憶のこととなっている。

近年、外国からも多くの人びとが日本の歴史遺産を訪ねている。高安千塚古墳群も明治時代に外国人たちが関心をもって訪れたように、再び多くの人びとに訪れてほしい。そして、高安山麓「やまんねき」の自然のなかで地域に守り継がれ、市民をはじめとする多くの人びとが古墳群の歴史に親しむとともに、子どもたちの学習の場になることを願っている。

（吉田野乃・藤井淳弘）

図57 ● 高安千塚古墳群散策ハイキング
2007年10月頃、八尾市教育委員会文化財課主催でおこなわれた古墳群散策。服部川支群の二室塚古墳石室の前で古墳の説明を聞く。

参考文献

秋山浩三・池谷梓　二〇〇〇「五里山古墳群・花草山古墳群と採集資料の検討」『大阪文化財研究』第一九号　（財）大阪府文化財調査研究センター

一瀬和夫　二〇一二「高安千塚にみられる石室と墳丘構築に関する一画期」『高安千塚古墳群基礎調査総括報告書［附論編］』

ヴィクター・ハリス、後藤和雄責任編集　二〇〇三『ガウランド　日本考古学の父』朝日新聞社／大英博物館共同出版

上田宏範編著　上田穣・河上邦彦・松江信一　二〇〇三『ロマイン・ヒッチコック―滞日二か年の足跡―』（社）橿原考古学協会

大阪府教育委員会　一九七〇『高安古墳群調査実測図』『大阪府河内郡河南町東山弥生集落跡発掘調査概報』

太田宏明　二〇〇三「畿内型石室の変遷と伝播」『日本考古学』第一五号　日本考古学協会

小浜　成　二〇〇六「一須賀古墳群」『ミニシンポジウム河内の四大群集墳』資料　柏原市立歴史資料館

柏原市教育委員会　一九九三『平野・大県古墳群分布調査概報』

菊井佳弥　二〇〇七「久宝寺遺跡（第六八次調査）」『平成一八年度事業報告』（財）八尾市文化財調査研究会

清原得巖・原田修・久貝健・島田和子　一九七六『大阪文化誌』（清原得巖考古資料図録）（財）大阪文化財センター

佐野隆弥・田中一廣訳、校註　一九九一　E・S・モース「日本におけるドルメン」『花園史学』第一二号（Edward S. Morse, "Dolmens in Japan," *The Popular Science Monthly*, vol. XVI, 1880.）

白石太一郎　一九六六「畿内の後期大型群集墳に関する一試考―河内高安千塚及び平尾山千塚を中心として―」『古代学研究』四二・四三合併号　古代学研究会（のち『古墳と古墳群の研究』二〇〇〇、塙書房に再録）

白石太一郎・安村俊史・一瀬和夫・花田勝広・高橋照彦・小谷利明　二〇一二『高安千塚古墳群基礎調査総括報告書［附論編］高安千塚古墳群の研究』八尾市教育委員会

高橋照彦　二〇一二「氏族構成からみた高安千塚古墳群」『高安千塚古墳群基礎調査総括報告書［附論編］』

田中清美　一九八九「五世紀における摂津・河内の開発と渡来人」『ヒストリア』第一二五号　大阪歴史学会

田中清美　一九九九「SE703出土韓式系土器と土師器の編年的位置づけ」『長原遺跡Ⅶ』（財）大阪市文化財協会

成海佳子　二〇〇九『高安古墳群　薗光寺跡発掘調査報告書』（財）八尾市文化財調査研究会

中河内郡役所編　一九二三『中河内郡誌』

中久保辰夫　二〇一七『日本古代国家の形成過程と対外交流』大阪大学出版会

中西克宏　二〇〇六「山畑古墳群」『ミニシンポジウム河内の四大群集墳』資料　柏原市立歴史資料館

西森忠幸　二〇〇三「横穴式石室の増改築について」『古代学研究』一六二号　古代学研究会

花田勝広　二〇〇五『ヤマト王権と渡来人』サンライズ出版

花田勝広　二〇〇八「高安千塚の基礎的研究」『高安古墳群の基礎的研究』八尾市文化財紀要一三　八尾市教育委員会
原田　修　一九八七「高安郡川一六号墳」『韓式系土器研究』Ⅰ　韓式系土器研究会
原田昌則　二〇一五「やおの古墳時代―渡来文化とくらし―」（秋期企画展冊子）　八尾市立埋蔵文化財調査センター
東大阪市立郷土博物館　二〇一六『山畑古墳群のあゆみ』
枚岡市史編纂委員会　一九六六『枚岡市史』
藤井淳弘　二〇一四「近世・近代の地誌類にみる史跡への歴史認識―高安千塚古墳群の名所としての意義―」『アーキオ・クレイオ』第一一号、東京学芸大学
松江信一　二〇〇六「河内・高安古墳群から見たモース、ガウランドとR・ヒッチコック」『ロマイン・ヒッチコック―滞日二か年の足跡―』（社）橿原考古学協会
消　斎　一九九六「中田遺跡の韓式系土器」『韓式系土器研究』Ⅵ　韓式系土器研究会
森　浩一　二〇一二『僕は考古学に鍛えられた』ちくま文庫
森下浩行　一九八六「日本における横穴式石室の出現とその系譜―畿内型と九州型―」『古代学研究』第一一一号　古代学研究会
八尾市教育委員会編　二〇一二『高安千塚古墳群　基礎調査総括報告書』八尾市文化財調査報告六八
八尾市教育委員会編　二〇一三『高安千塚古墳群　高安山麓～やまんねき～に残された河内の大群集墳』
八尾市教育委員会編　二〇一七『史跡高安千塚古墳群　保存活用計画』
八尾市教育委員会　二〇一八『やおの歴史遺産　国史跡 高安千塚古墳群～知ろう、歩こう～』
八尾市史編纂委員会・八尾市史編集委員会編　二〇一七『新版八尾市史 考古編1―遺跡からみた八尾の歩み―』八尾市
八尾市立歴史民俗資料館　二〇一四『高安郡の総合的研究』
八尾市立歴史民俗資料館　二〇一六『河内の群集墳を探る』（平成二八年度特別展図録）
安村俊史　二〇〇八『群集墳と終末期古墳の研究』清文堂出版
山尾幸久　二〇〇九「六世紀の中河内と渡来人」『高安千塚シンポジウム記録集』八尾市教育委員会
山田隆一　二〇〇九「中河内地域における古墳時代の敷葉工法」『大阪府立狭山池博物館研究報告』五
吉岡　哲　一九八八『八尾市史』（前近代編）〈考古編第一～五章〉　八尾市史編集委員会
吉田野乃　二〇〇四『生駒西麓古墳出土遺物の基礎報告』『研究紀要』一五号　八尾市立歴史民俗資料館
吉田野乃　二〇一二「高安千塚と中河内の集落についての基礎的考察」『龍谷大学考古学論集』Ⅱ
吉田野乃　二〇一六「生駒西麓における群集墳の比較検討」『古代学研究』二〇九号　古代学研究会
米田敏幸　一九八七「矢作遺跡発掘調査概要」『八尾市内遺跡昭和六一年度発掘調査報告書Ⅱ』八尾市教育委員会

高安千塚古墳群

・八尾市大字服部川・大窪・郡川付近
・交通　近鉄信貴線服部川駅ないしは信貴山口駅下車、次頁のマップ参照

ホームページ　https://www.city.yao.osaka.jp/0000047196.html　「高安千塚古墳群を歩いてまわろう！」から高安千塚の紹介冊子「国史跡 高安千塚古墳群～知ろう、歩こう～」をダウンロードできる。見学できる古墳・できない古墳や見学の時期、注意点、もっていったほうがいいものなどを紹介。

春の服部川支群

八尾市立歴史民俗資料館

・八尾市千塚三丁目180―1
・電話　072（941）3601
・開館時間　9：00～17：00（入館は16：30まで）
・休館日　火曜日（祝日の場合は、その翌日）、12月28日～1月4日
・入館料　大人220円、高・大学生110円、小・中学生無料（特別展は大人330円、高・大学生160円）
・交通　近鉄信貴線服部川駅下車、北へ徒歩約8分

高安千塚古墳群に近い山麓にあり、八尾の歴史を語る歴史・考古・民俗資料を展示。常設展「大和川流域と高安山」では、高安千塚古墳群も紹介。

八尾市立歴史民俗資料館

八尾市立しおんじやま古墳学習館

・八尾市大竹5丁目143―2
・電話　072（941）3114
・開館時間　9：00～17：00
・休館日　火曜日・祝日の翌日、12月28日～1月4日
・入館料（展示室のみ有料）　一般240円、高・大学生120円、中学生以下無料
・交通　近鉄大阪線河内山本駅下車、近鉄バス瓢箪山駅行き「大竹」バス停下車、東へ徒歩約7分。近鉄信貴線服部川駅下車、北へ徒歩約25分。

国史跡心合寺山古墳のガイダンス施設。各種体験イベントや講座を開催。

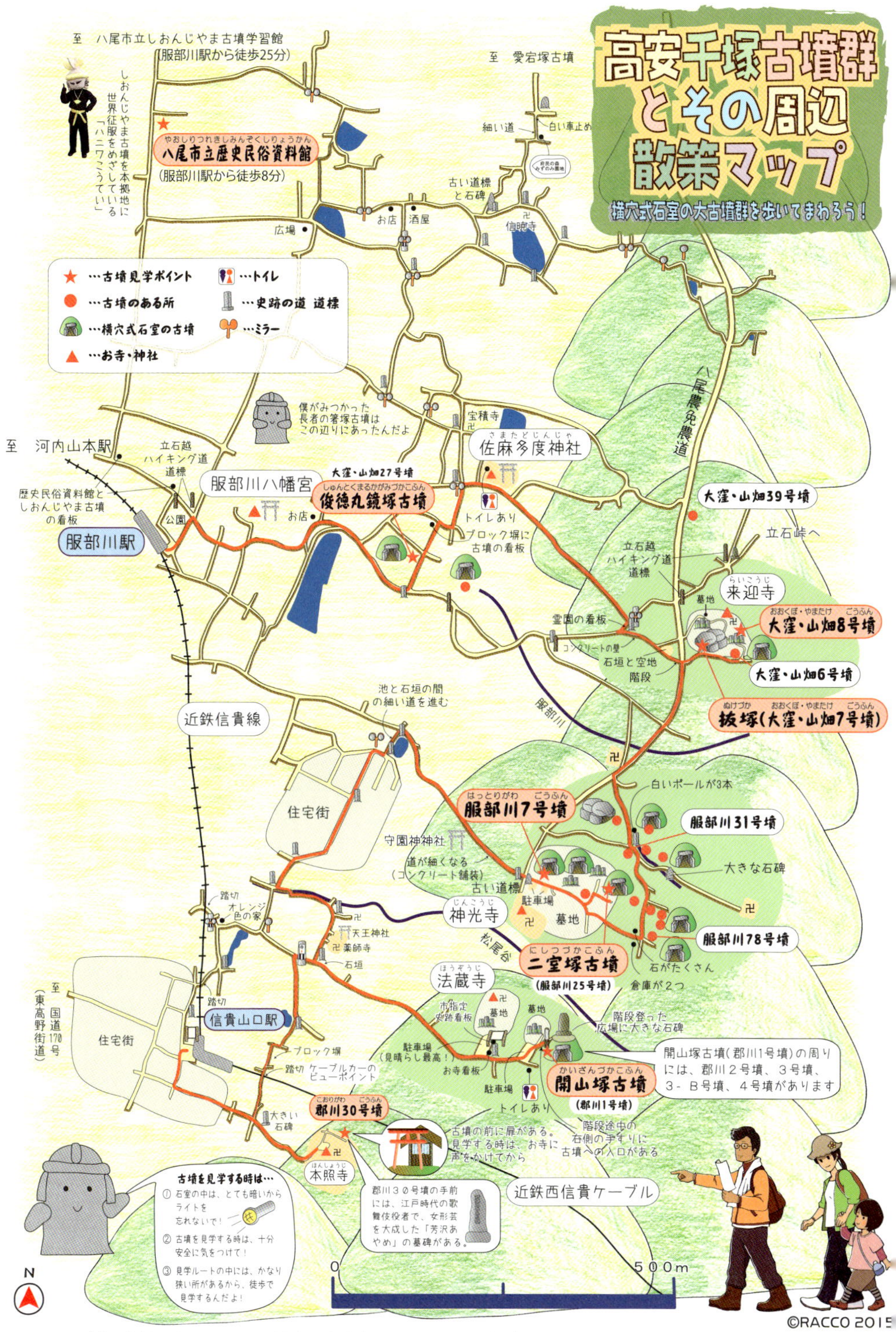

(地図作製・デザイン：NPO法人 歴史体験サポートセンター楽古)

遺跡には感動がある

――シリーズ「遺跡を学ぶ」刊行にあたって――

「遺跡には感動がある」。これが本企画のキーワードです。

あらためていうまでもなく、専門の研究者にとっては遺跡の発掘こそ考古学の基礎をなす基本的な手段です。また、はじめて考古学を学ぶ若い学生や一般の人びとにとって「遺跡は教室」です。

日本考古学では、もうかなり長期間にわたって、発掘・発見ブームが続いています。そして、毎年厖大な数の発掘調査報告書が、主として開発のための事前発掘を担当する埋蔵文化財行政機関や地方自治体などによって刊行されています。そこには専門研究者でさえ完全には把握できないほどの情報や記録が満ちあふれています。しかし、その遺跡の発掘によってどんな学問的成果が得られたのか、その遺跡やそこから出た文化財が古い時代の歴史を知るためにいかなる意義をもつのかなどといった点を、莫大な記述・記録の中から読みとることははなはだ困難です。ましてや、考古学に関心をもつ一般の社会人にとっては、刊行部数が少なく、数があっても高価なその報告書を手にすることすら、ほとんど困難といってよい状況です。

いま日本考古学は過多ともいえる資料と情報量の中で、考古学とはどんな学問か、また遺跡の発掘から何を求め、何を明らかにすべきかといった「哲学」と「指針」が必要な時期にいたっていると認識します。

本企画は「遺跡には感動がある」をキーワードとして、発掘の原点から考古学の本質を問い続ける試みとして、日本考古学が存続する限り、永く継続すべき企画と決意しています。いまや、考古学にすべての人びとの感動を引きつけることが、日本考古学の存立基盤を固めるために、欠かせない努力目標の一つです。必ずや研究者のみならず、多くの市民の共感をいただけるものと信じて疑いません。

二〇〇四年一月

戸沢充則

著者紹介

吉田野乃（よしだ・のの）

1964年生まれ、京都府出身。

龍谷大学文学部史学科東洋史学専攻卒業。八尾市教育委員会文化財課市史編纂室主査、新版八尾市史考古部会専門部会員。

主な著書 『高安千塚古墳群基礎調査総括報告書』（共著）、「生駒西麓における群集墳の比較検討」『古代学研究』第209号（古代学研究会）など。

藤井淳弘（ふじい・あつひろ）

1971年生まれ、大阪府出身。

東京学芸大学・大学院を経て、現在八尾市教育委員会文化財課 係長。

主な著書 『高安千塚古墳群基礎調査総括報告書』『史跡心合寺山古墳発掘調査概要報告書』（共著）、「心合寺山古墳研究略史―中河内最大の前方後円墳という定点の評価へ―」『八尾市立歴史民俗資料館研究紀要』第13号など。

写真提供（所蔵）
八尾市教育委員会：図2・4・8・9下・11・13・16・18〜24・27・28・34・35・37・38（大阪城天守閣所蔵）・41・54・56・57・博物館紹介／一般財団法人 大阪市文化財協会：図6／京都府立京都学・歴彩館：図12／末永雅雄編『空からみた古墳』（協力：公益財団法人 かながわ考古学財団）：図14／東大阪市教育委員会：図44／柏原市立歴史資料館：図45／大阪府立近つ飛鳥博物館：図46／公益財団法人 八尾市文化財調査研究会：図52／公益財団法人 大阪府文化財センター：図53／扉（開山塚古墳石室）：八尾市教育委員会（撮影：阿南辰秀氏）
図版出典（一部改変）
図1・8下・17・19・23・25・27・29〜31・33左・35・39・40・42・48〜51：八尾市教育委員会2012／図15：白石1966／図5・49：八尾市史編纂委員会2017／図22：大阪府教育委員会1970／図26左・32：八尾市教育委員会2013／図33右：奈良県教育委員会1972『烏土塚古墳』／図35：公益財団法人八尾市文化財調査研究会／図38・「高安千塚古墳群とその周辺散策マップ」：八尾市教育委員会2018／図47：左から八尾市教育委員会2012・柏原市教育委員会1993・大阪市教育委員会1970・枚岡市史編纂委員会1966／図55：大阪府立弥生文化博物館2004『大和王権と渡来人』

上記以外は著者

シリーズ「遺跡を学ぶ」138

河内平野をのぞむ大型群集墳　高安千塚古墳群《たかやすせんづか》

2019年10月 1日　第1版第1刷発行

著　者＝吉田野乃・藤井淳弘

発行者＝株式会社 新 泉 社
東京都文京区本郷2−5−12
TEL 03（3815）1662／FAX 03（3815）1422
印刷／三秀舎　製本／榎本製本

ISBN978-4-7877-1938-6　C1021

シリーズ「遺跡を学ぶ」

第1ステージ（各1500円＋税）

第2ステージ（各1600円＋税）